LE

CONGRÈS EN MINIATURE

SAINT-DENIS. — IMPRIMERIE DE CH. LAMBERT, 17, RUE DE PARIS.

LE

CONGRÈS EN MINIATURE

PAR UN DIPLOMATE

LES PRÉLIMINAIRES DU CONGRÈS

PARIS
PAUL OLLENDORFF, ÉDITEUR
28 bis, RUE DE RICHELIEU, 28 bis

1878

INTRODUCTION

I. — LE TRAITÉ DE SAN-STEFANO

ET LES PRÉLIMINAIRES DU CONGRÈS.

A l'aide d'une carte de l'empire ottoman comparée avec le traité de San-Stefano, il sera facile d'apprécier exactement l'étendue de la spoliation dont la Turquie est victime. Nous y ajouterons quelques détails sur la constitution de la nouvelle principauté bulgare et les annexions territoriales accordées au Montenegro et à la Serbie.

BULGARIE.

La configuration de la principauté de Bulgarie est assez étrange. On croirait suivre, a dit le *Times*, le crayon fantastique d'un spirite. Les plénipotentiaires russes se sont conformés en général aux cartes ethnographiques de Petermann et de Lejean; ils ont suivi également la carte de Kiepert, qui indiquait pour la Bulgarie les frontières proposées par le général Ignatieff à la conférence de Constantinople.

Ces limites sont largement étendues aujourd'hui. Les rivages de la mer Égée ont attiré insensiblement le crayon des plénipotentiaires russes; tout en respectant Salonique, la ligne s'est approchée de la ville à une distance de 5 milles anglais et l'a coupée de sa banlieue, puis, laissant en dehors la péninsule chalcidique, est redescendue vers la mer, vers le golfe Orfané, et a suivi la côte jusqu'au golfe Lagos, sur une étendue de près de 40 lieues géographiques. Elle annexe ainsi à la principauté le port et la rade de Kavala, sur la mer Egée, puis, après une série de courbes capricieuses qui contournent et enserrent la ville d'Andrinople, elle va rejoindre le rivage de la mer Noire à Hakim-Tabia, pour le quitter à Mangalia, limite de la Dobroudcha. Les ports de Bourgas et de Varna, les places du quadrilatère, les passes des Balkans, les têtes des lignes de chemins de fer qui aboutissent à Salonique et à Constantinople, le cours des fleuves qui appartiennent au versant de l'Adriatique, de la mer Noire et de la mer Égée, sont acquis à la Bulgarie.

La principauté comprend 2,562 lieues carrées et 3,822,000 habitants, dont 1,430,000, c'est-à-dire près du tiers, sont musulmans.

Au point de vue ethnographique, le traité ne tient aucun compte du principe des nationalités, qui a servi de prétexte à la Russie pour intervenir à main armée.

Les différences de race sont aussi peu respectées que les distinctions religieuses: à l'ouest, la principauté englobe des districts entiers composés d'Albanais, comme ceux de Deleva et de Kastoria; au sud-ouest, elle comprend des territoires où les Grecs, les Albanais, les Zinzars et les Turcs sont trois fois plus nombreux que les

Bulgares. Enfin, au sud, dans la partie qui est située entre les Balkans et la mer, il n'a jamais existé de Bulgares, et les populations sont exclusivement grecques et turques. Quant au rivage occidental de la mer Noire, il n'est peuplé ni de Turcs ni de Bulgares : la population y est exclusivement grecque.

Nous ferons connaître plus loin quelles ont été, à ce sujet, les protestations du gouvernement hellénique, dont les réclamations ont été présentées au congrès par M. Delyannis, son plénipotentiaire.

SERBIE.

En revanche, la principauté de Serbie reçoit un nombre assez élevé d'individus d'origine bulgare, notamment dans la partie de la Vieille-Serbie qui comprend Nisch et Leskowatz. Les Serbes sont d'ailleurs en très-petit nombre dans le territoire désigné sous le nom de Vieille-Serbie : la population serbe a émigré en Hongrie au dix-huitième siècle et a été remplacée par des Albanais. Sur les 216,000 habitants qui viennent augmenter la population de la principauté, un dixième tout au plus appartient à la nationalité serbe ; le reste se compose d'Albanais et de Bulgares. En outre, 92,000, c'est-à-dire près du tiers, sont musulmans.

Le territoire annexé à la Serbie comprend 164 lieues carrées. La principauté ne juge pas ces agrandissements suffisants, car elle a adressé au congrès de volumineux mémoires pour réclamer une augmentation plus considérable de territoire. Le Montenegro en a d'ailleurs fait autant ; mais le congrès a décidé que les délégués des principautés ne seraient pas admis à prendre part à ses délibérations.

MONTENEGRO.

Les augmentations de territoire que reçoit le Montenegro sont considérables. Elles se composent de 58 lieues carrées, près du tiers du territoire annexé à la Serbie. La nouvelle frontière englobe les places de Niksich, de Podgoritza, d'Antivari, de Fotcha, traverse le lac d'Antivari, à trois milles de Scutari, et vient ouvrir au prince Nikita les rivages de l'Adriatique, entre la Boyana et Spitza. Les populations annexées au Montenegro sont, en majeure partie, des Albanais catholiques et des musulmans ; ces derniers sont au nombre de 15,000 sur les 45,000 habitants que reçoit le Montenegro. Ce sont les augmentations de territoire accordées à la Serbie et au Montenegro qui ont froissé surtout les susceptibilités du cabinet de Vienne, et le comte Andrassy a opposé sur ce point au traité turco-russe de graves contre-propositions que nous ferons connaître plus loin.

DOBROUDCHA ET BESSARABIE.

Enfin, la Dobroudcha, donnée à la Roumanie en échange de la Bessarabie roumaine qui côtoie les bouches du Danube, est exclusivement peuplée de Turcs. La Roumanie n'entend nullement se prêter à cet échange, et, depuis le traité de San-Stefano, ce gouverment et la population de Bucharest sont vivement irrités contre leurs anciens alliés. De ce côté encore, la Russie a complétement oublié le principe des nationalités qu'elle invoquait si hautement lors de la conférence de Constantinople. Quant à la Bessarabie roumaine, l'annexion de ce territoire à la Russie, qui l'avait perdu par le traité de 1856, est, comme on sait, une question personnelle au tsar, et dans laquelle l'Europe n'est pas appelée à intervenir : les puissances n'ont donc pas voulu blesser l'empereur Alexandre en soutenant la Roumanie contre la Russie, et on peut considérer dès aujourd'hui cette partie du traité comme validée.

TURQUIE D'EUROPE.

En résumé, la Turquie perd, avec la Dobroudcha, un territoire de 2,938 lieues carrées, avec 4,457,000 habitants, c'est-à-dire les deux tiers de son territoire et de sa population en Europe.

Au point de vue géographique, ce qui reste de la Turquie d'Europe est réparti en quatre tronçons : 1° Constantinople et les territoires adjacents ; 2° Salonique et la péninsule chalcidique ; 3° l'Albanie ; 4° la Bosnie et l'Herzégovine.

Il est vrai que ce dernier tronçon n'est pas absolument isolé du précédent ; une sorte de couloir les relie l'un à l'autre entre la Serbie et le Montenegro. Mais cette bande de terrain, qui n'est large que de 5 milles par endroits, offrirait difficilement passage à un corps de troupes, qui serait placé sous le feu des deux principautés, et que le canon d'une seule pourrait arrêter dans sa marche. Les trois autres tronçons sont entièrement isolés l'un de l'autre, et la communication n'est plus possible que par voie de mer. On conçoit maintenant l'importance du port de Kavala, que le crayon des plénipotentiaires russes est venu, si l'on peut dire, cueillir sur la mer Égée, entre Constantinople et Salonique.

Enfin, la question des détroits est réglée par l'article 24 du traité, qui les déclare ouverts en temps de paix et en temps de guerre aux navires marchands neutres, et interdit à la Porte d'établir un blocus fictif dans la mer Noire. Malgré l'obscurité de cette rédaction, il est certain que les détroits sont ainsi fermés aux navires de guerre et que la marine marchande des neutres est admise au passage, même en temps de guerre. Mais le démembrement de la Turquie et l'ouverture de ports russes sur la mer Égée et sur la mer Noire enlèvent tout intérêt à la question des détroits.

Quant à la sanction du traité de San-Stefano, une de ses dispositions portait qu'il devait entrer en vigueur immédiatement après l'échange des ratifications. Dès lors, l'approbation du congrès n'eût été qu'une formalité dérisoire. Mais plusieurs clauses du traité ont admis l'intervention des puissances ou de quelques-unes d'entre elles. Ainsi, l'Autriche est déclarée médiatrice en cas de conflit entre la Turquie et le Montenegro; l'élection du prince du Bulgarie devra être confirmée par le sultan et consacrée par l'adhésion des puissances; au bout d'une année, le commissaire impérial russe chargé d'organiser l'administration de la principauté pourra admettre les délégués des puissances à discuter le montant du tribut qu'elle devra payer à la Porte. Enfin, l'Autriche aura voix consultative sur l'organisation et l'autonomie future de la Bosnie et de l'Herzégovine. Ce sont ces points qui sont actuellement soumis aux discussions du congrès.

Il n'y a donc plus pour ainsi dire de Turquie d'Europe.

Les provinces bulgares et presque toutes les côtes orientales et méridionales forment la principauté de Bulgarie ; la Bosnie et l'Herzégovine sont isolées de Constantinople, destinées à recevoir une constitution leur donnant l'autonomie, et seront sans doute d'ailleurs occupées par l'Autriche ; la Serbie et le Montenegro, considérablement accrus, sont déclarés indépendants. Enfin, la Grèce réclame ce qui doit rester de l'Empire ottoman au sud et à l'ouest de la principauté bulgare. Les Turcs conserveraient encore Constantinople, mais ce ne serait plus qu'une question de temps.

II. — LES NÉGOCIATIONS.

Nous ne ferons pas l'historique des négociations, car on connaît les phases diverses qu'a traversées l'action diplomatique depuis la prise de Plevna. Insistons seulement sur le point principal. La Russie, comme toutes les puissances, avait d'abord accepté le congrès proposé par le cabinet de Vienne ; seulement, après des pourparlers restés encore mystérieux, elle déclarait le 26 mars qu'elle se réservait le droit d'accepter ou de refuser la discussion de tels points du traité qu'elle jugerait convenable. C'est à cette déclaration que l'Angleterre répondit par l'appel des réserves, et elle n'avait pas d'autre réponse à faire. Quelques jours après, lord Salisbury, succédant à lord Derby, spécifiait avec une netteté remarquable les articles du traité de San-Stefano qui portaient atteinte aux intérêts anglais, et signifiait à la Russie qu'elle eût à laisser discuter en entier, devant le congrès, un acte qui n'avait aucune valeur sans la sanction des puissances garantes.

Dans le courant de la semaine suivante, le prince Gortchakoff, réfutant, dans une circulaire d'une forme très-conciliante, les objections de lord Salisbury, s'efforçait d'atténuer l'effet de l'imprudente déclaration du 26 mars; il l'expliquait en disant que la Russie n'avait prétendu se réserver à elle-même aucun autre droit que celui que conservait chacune des puissances.

En somme, le cabinet de Saint-Pétersbourg n'admettait pas seulement le principe de la discussion, il le mettait en pratique le premier. Il répondait en détail à chacune des critiques du cabinet de Saint James, mais il demandait que l'Angleterre exposât ses vues sous la forme de contre propositions qui seraient soumises au congrès en même temps que le texte du traité. C'était là qu'on en était arrivé dans la seconde quinzaine d'avril. La difficulté ne reposait plus que sur un point : c'est que l'Angleterre n'entendait user de son droit de faire des contre-propositions que conjointement avec les puissances, lorsque le traité serait définitivement soumis au congrès.

Or, la médiation de l'Allemagne, qui fut interrompue subitement par suite de la maladie du prince de Bismarck, n'ayant abouti à aucune solution définitive, le comte Schouwaloff fut chargé, au commencement du mois de mai, de solliciter officieusement du gouvernement anglais une communication confidentielle des objections que l'Angleterre avait à présenter devant le congrès. Le résultat de son voyage à Saint-Pétersbourg est connu : la Russie a compris que quelques-uns des articles du traité devaient être nécessairement modifiés par le congrès, et a reconnu le droit des puissances garantes d'apporter les modifications que pourraient réclamer les intérêts de chacune d'elles.

Nous avons tenu à résumer très-sommairement les longues négociations qui ont eu lieu depuis la prise de Plevna, pour mieux faire mesurer la distance parcourue et l'importance des concessions faites par la Russie. Il est certain que le cabinet de Saint-James n'accepterait pas plus aujourd'hui qu'il n'acceptait hier de participer à un congrès où la voix de l'Europe serait méconnue par une ou quelques-unes des puissances.

Nous avons donc la certitude que le gouvernement anglais a été pleinement rassuré par les déclarations que le comte Schouwaloff a rapportées de Saint-Pétersbourg, et que la Russie et l'Angleterre sont aujourd'hui d'accord, non-seulement sur la procédure à suivre devant le congrès, mais sur la solution de quelques-uns des points en litige.

Et les difficultés sont énormes. Il y a le programme du comte Andrassy, qui comporte l'organisation de la Bosnie et de l'Herzégovine en principautés autonomes, ainsi qu'une nouvelle principauté en Albanie et en Thrace. Il y a les prétentions de la Serbie et du Montenegro, qui ne jugent pas encore suffisantes les annexions stipulées par le traité en leur faveur, tandis que l'Autriche les déclare absolument inacceptables. Il y a les réclamations de la Grèce, qui soulèveront certainement aussi de très-vives et très-délicates contestations, et dont nous signalons plus loin l'intérêt et la légitimité. Il y a les protestations de la Roumanie, que l'on ne pourra non plus passer sous silence, comme l'importante question de la rétrocession de la Bessarabie, sur laquelle, à Bucarest et à Saint-Pétersbourg, on est également peu disposé à accepter un compromis. Il y a la question de la navigation du Danube, question d'intérêt allemand par excellence, et sur laquelle le cabinet de Berlin n'a eu garde de se prononcer jusqu'ici.

Et quant aux points du traité qui atteignent directement l'Angleterre, tels que ceux qui touchent à la délimitation et à la constitution de la principauté bulgare, à l'occupation des forteresses, aux annexions de territoire en Asie Mineure en échange de la contribution de guerre, nous n'en parlons que pour mémoire, car c'est le fond même du débat, et il est impossible de prévoir quelle sera la teneur des contre-propositions que l'Angleterre déposera sur la table du congrès.

En somme, le congrès de 1878 aura une tâche laborieuse à accomplir. Il ne s'est pas réuni, comme le demandait le cabinet de Saint-Pétersbourg, pour consacrer, par une formalité dérisoire, la validité du traité de San-Stefano. Ce n'est pas non plus pour reprendre le programme de la conférence ; car il est impossible de s'en tenir aux stipulations des traités de 1856 et de 1871, et de ne pas prendre en considération les sacrifices supportés par la Russie dans sa guerre contre l'Empire ottoman. Les puissances ont seulement à examiner quelles modifications il convient d'apporter à ces traités, à la suite de la crise terrible qui pèse depuis trois ans sur l'Europe.

Le programme du congrès ne comprend donc pas seulement la discussion du traité de San-Stefano : il comporte surtout, et c'est principalement à ce point de vue qu'il intéresse directement la France, la révision du traité de Paris.

Ce traité, la Russie, victorieuse sur la route de Constantinople, a voulu, au lendemain de Plevna, en prononcer l'abrogation elle-même et à son profit exclusif. Cette prétention a failli provoquer une guerre européenne.

Nous saurons bientôt si les combinaisons diplomatiques, qu'on va substituer au traité de Paris, seront de nature à garantir désormais la paix du continent, et s'il y a encore une Europe. En ce qui nous concerne, nous avons confiance, et nous espérons que l'année de l'Exposition de 1878 ne sera pas celle d'une guerre aussi terrible que celle qui serait l'épilogue d'un congrès.

C'est, du reste, de l'attitude de l'Autriche que peut dépendre le maintien de la paix Le comte Andrassy est en quelque sorte devenu l'arbitre des destinées de l'Europe.

Il le déclarait encore la veille de la réunion du congrès, en réclamant aux délégations des crédits extrordinaires pour la mobilisation des réserves de l'Autriche-Hongrie : le cabinet de Vienne ne renonce pas à faire valoir, par la force, les droits de l'Autriche, si le congrès ne donne pas satisfaction aux intérêts de cette puissance.

Or, de quelle manière le cabinet austro-hongrois envisage-t-il la solution du conflit turco-russe, et comment entend-il sauvegarder les intérêts de la monarchie en Orient? Il faut le dire, le comte Andrassy s'inspire de préoccupations étroites et égoïstes. Il ne repousse pas, comme lord Salisbury, le traité de San-Stefano comme attentatoire à l'intégrité de l'empire ottoman, comme en contradiction avec le traité de Paris, comme incompatible avec les intérêts des puissances en Orient. Il l'accepte en principe, et réclame seulement la faculté pour l'Autriche de chercher en retour certaines compensations dans la péninsule des Balkans.

Le plan du comte Andrassy est fort complexe. Il ne comporte pas seulement des modifications du traité turco-russe ; il exigerait aussi un nouveau remaniement de l'organisation de l'empire ottoman. En réalité, l'Autriche laisserait à la Russie la libre possession des détroits et de la Bulgarie, pourvu qu'on lui permît d'établir, par une série de conventions économiques et militaires, son influence sur les provinces occidentales de l'empire turc. En d'autres termes, et pour employer une locution familière, le comte Andrassy a dit au général Ignatieff, lors de son voyage à Vienne : « Part à deux. »

Les prétentions de l'Autriche, il faut le dire, étaient d'abord beaucoup plus modestes, et si elle s'est montrée plus exigeante, c'est que l'attitude résolue de l'Angleterre l'a fait subitement sortir de sa réserve. En tout cas, le plan du comte Andrassy est tout à fait irréalisable : la Russie s'y résignerait peut-être, l'Angleterre ne l'accepterait pas.

Il faudrait pouvoir entrer tout à fait dans les détails de cette combinaison singulière pour faire ressortir la vanité du plan autrichien. Contentons-nous d'en indiquer les principaux points.

Le comte Andrassy voudrait soustraire à la domination de la Russie les provinces occidentales de l'empire turc, la Bosnie, l'Herzégovine, l'Albanie, la Serbie, le Montenegro et une partie de la Macédoine, pour soumettre ces contrées à la suprématie de l'Autriche. A cet effet, la Bosnie et l'Herzégovine seraient tout d'abord occupées par un corps d'armée austro-hongrois, puis recevraient une organisation indépendante, garantissant leur autonomie et les plaçant sous le contrôle du cabinet de Vienne.

L'indépendance de la Serbie et du Montenegro serait reconnue par l'Autriche; mais ces principautés, comme celle de Bosnie, seraient associées aux intérêts de l'Autriche par des conventions militaires et des traités de commerce. Enfin l'Albanie et la partie de la Macédoine voisine de la principauté de Bulgarie formeraient une nouvelle principauté placée sous la suzeraineté de la Porte, et dont la capitale serait Salonique. Ces principautés formeraient une sorte de *Zollverein* ou d'union douanière avec l'Autriche-Hongrie, et, pour mieux garantir le protectorat de cette puissance, le chemin de fer de Salonique à Mitrovitza serait prolongé jusqu'à la frontière autrichienne et mis en raccordement avec les lignes de l'empire, tout le contrôle de la voie appartenant au gouvernement austro-hongrois.

Tel est, en substance, le plan qui a été exposé dans tous ses détails au général Ignatieff par le comte Andrassy, et par lequel le cabinet de Vienne espère apporter un contre-poids sérieux à l'influence de la Russie dans la péninsule des Balkans.

L'accueil fait à ces propositions par le général Ignatieff a été assez froid, dit-on; l'ambassadeur russe aurait objecté que, pour réaliser un plan semblable, l'Autriche devait faire la guerre à la Turquie. — Faites-la, aurait-il ajouté, et nous vous rendrons la même neutralité bienveillante que vous avez observée à notre égard. Le comte Andrassy croyait alors pouvoir faire admettre ses propositions par le cabinet de Saint-Pétersbourg ; il espérait que la Russie sacrifierait quelques-unes des clauses du traité de San-Stefano, notamment celles qui concernent la Serbie et le Montenegro, pour conserver sa suprématie sur la principauté bulgare. Mais le général Ignatieff n'a pu, faute de pouvoirs, accepter comme base de discussion les propositions du chancelier austro-hongrois. On s'est quitté sans avoir pu s'entendre, et actuellement l'Autriche s'efforce d'obtenir des puissances les satisfactions qu'elle croit justifiées par ses intérêts en Orient.

En somme, le plan du comte Andrassy, malgré l'accueil enthousiaste qui lui a été fait par la presse d'Autriche et de Hongrie, est quelque peu chimérique. Chercher à faire de Salonique une rivale de Constantinople est un rêve; essayer de soustraire à l'influence de la Russie les provinces slaves de l'occident de l'empire ottoman, quand cette puissance aura étendu sa domination de Roustchouck à Kavala, du Danube à la mer Égée, une illusion toute pure.

Nous ne discutons pas dans ses détails le plan autrichien; nous ne l'examinons que dans son ensemble. Et quelles que soient les difficultés qu'en présenterait l'exécution, il eût certainement séduit tout d'abord, si l'intérêt général n'y eût été fort sacrifié à l'intérêt exclusif de la monarchie austro-hongroise.

D'ailleurs, il est difficile de croire que les réclamations de l'Autriche aient simplement pour objet de contre-balancer l'influence de la Russie dans la péninsule des Balkans. Le comte Andrassy poursuit ici des vues toutes personnelles et absolument indépendantes de la validité des stipulations de San-Stefano. C'est un état de choses tout nouveau qu'il rêve de créer en Orient; nous examinerons plus loin en détail comment ces plans se rattachent à la politique générale poursuivie par le cabinet de Vienne depuis que l'empire des Habsbourgs a été expulsé de l'Allemagne. Ce que nous ne pouvons admettre, c'est que l'Autriche prétende se soustraire aux décisions du congrès, et ne prenne part aux débats qui ont lieu à Berlin en ce moment qu'avec l'arrière-pensée de ne tenir aucun compte de la volonté des puissances, si leur décision n'est pas conforme aux vues secrètes du gouvernement austro-hongrois.

Il s'agit donc de savoir comment se distribuera la proie entre tous les prétendants. Il y a trois mois, la Russie voulait recueillir pour elle seule les dépouilles de la Turquie : aujourd'hui, d'autres lui disputent sa conquête. En somme, il n'y a que le plus adroit ou le plus fort qui puisse s'adjuger impunément le morceau qu'il convoite. De là, un congrès pour déterminer, aussi équitablement que possible, la part de chacun, et en même temps des préparatifs militaires extraordinaires, pour le cas où la répartition générale ne contenterait pas les vœux de tout le monde.

Telle est à peu près la situation, dégagée des circonlocutions diplomatiques et des formules de convention qui qualifient ces revendications brutales de défense de l'intérêt des chrétiens, des droits des peuples, de l'équilibre européen, des traités, des principes, de l'humanité, de la liberté de conscience, etc., etc.

L'Angleterre n'est pas plus sincère que l'Autriche en se couvrant de ce manteau trompeur. La Bulgarie lui importe peu ; elle demande avant tout que la Russie renonce au port de Batoum, si important par sa position sur la mer Noire, destiné peut-être à devenir la tête de ligne d'un réseau de chemins de fer qui accaparerait le trafic de l'Asie Mineure, de la Perse et de l'Inde.

L'Autriche, plus indifférente pour les voies commerciales de l'Arménie, s'effraie surtout de l'accroissement de la Bulgarie. Elle déclare d'un ton aigre qu'elle a besoin de conserver ses communications avec l'Orient par la péninsule des Balkans, que la nouvelle principauté la gêne aux entournures; bref, elle prétend s'installer à côté de la Russie et faire de Salonique une rivale de Constantinople.

Les Italiens, gens avisés, ne disent rien; mais, dans tout ce qui n'excite pas l'avidité des autres, ils voient bien des os à ronger pour eux. Soyons aussi discrets, faisons semblant d'ignorer ce qu'ils ne veulent pas avoir l'air de voir.

Il est probable que quelqu'un qui n'a encore rien dit se chargera au dernier moment de mettre tout le monde d'accord. C'est d'ailleurs le prince de Bismarck à Berlin, le prince royal d'Allemagne à Londres, qui, plus que le comte Gortchakoff, se sont portés garants de la sincérité de la soumission de la Russie. A-t-on promis plus qu'on ne peut tenir? Il est difficile de le croire. Il faut donc espérer que le règlement final ne consacrera pas l'avantage exclusif de la Russie au détriment de toutes les autres puissances.

Pourtant cette consommation du partage de la Turquie, auquel nous sommes conviés à donner notre adhésion, n'est pas la seule difficulté qui retarde encore l'heure du repos définitif de l'Europe. C'est le nouveau *modus vivendi* qui résultera entre chacune des puissances copartageantes de leurs rivalités surexcitées et pour ainsi dire mises aux prises les unes avec les autres.

C'est peut-être là justement le plus solide argument en faveur d'une solution pacifique de la crise. Plutôt que d'amener l'Angleterre à se saisir de Constantinople, de l'Égypte ou simplement de Gallipoli, par mesure de compensation, la Russie consentirait volontiers à restreindre les limites de sa principauté bulgare.

Plutôt que de laisser l'Autriche s'installer en Bosnie, en Herzégovine, en Albanie, en Thrace, elle subirait la même opération avec une résignation aussi complète. En résumé, elle aurait tout intérêt à atténuer devant le congrès ses exigences; elle ferait valoir ses concessions comme le témoignage de sa modestie et de son abnégation, et prendrait le rôle intéressant de la victime qui se sacrifie elle-même.

Tout cela est possible, car, avec ou sans le traité de San-Stefano, la Russie peut revendiquer l'honneur d'avoir consommé la ruine de la Turquie d'Europe. Même en ne touchant pas aujourd'hui à ces débris qu'elle a entassés dans le péninsule des Balkans, la Russie a pour elle le juste titre, le droit d'auteur; elle pourra toujours en réclamer le bénéfice. Qu'on organise les lambeaux de l'empire ottoman en deux, trois, quatre ou cinq principautés, le prestige de la victoire assure aux Russes la prépondérance dans une comme dans cinq, et l'avenir est à eux. Plus ils seront modérés aujourd'hui, plus leur droit de possession devient imprescriptible; qu'une contestation s'élève demain de la part d'un voisin, après qu'ils se seraient installés en maîtres, et leur conquête est compromise à tout jamais.

Il est donc peu probable que ce congrès, où sont venues

s'attabler tant de convoitises, puisse satisfaire les prétentions de tout le monde. Tout dépend de l'habileté de la Russie, et son habileté est, aujourd'hui, d'avoir l'air d'être modérée. Cela ne sera guère du goût de ces affamés qui comptent avoir une part au régal; mais nous aimons mieux voir ces gens sortir du congrès les dents longues que repus des fruits du voisin. Ce serait un exemple par trop dangereux et un procédé d'une moralité tout à fait contestable. Or, il faut de la morale et de la religion pour le peuple, et c'est aux gouvernements à donner le bon exemple.

Juin 1878.

LE

CONGRÈS EN MINIATURE

LES PLÉNIPOTENTIAIRES FRANÇAIS

I

M. WADDINGTON

Ministre des affaires étrangères.

Ce serait faire un maigre éloge de la politique du ministre des affaires étrangères que de dire uniquement qu'il a su rompre, dès son entrée aux affaires, avec les traditions cléricales et réactionnaires de ses prédécesseurs. Si nous voulons rendre un juste hommage à M. Waddington, ce n'est pas seulement en constatant que, pendant les six derniers mois, il a su réparer l'effet désastreux de la politique pleine d'inhabileté et de duplicité des Broglie et des Decazes, mais c'est en reconnaissant qu'il a résolûment inauguré, vis-à-vis de l'Europe, une politique loyale et ferme, rigoureusement conforme à l'intérêt et à la dignité de la France.

Dans son discours si ferme et si élevé du 9 juin, la veille de son départ pour le congrès, M. Waddington a fait devant le Parlement un exposé complet de la politique du 13 décembre durant la dernière période de la crise orientale. Nous n'avons pas à rappeler les déclarations contenues dans ce discours, qui a été accueilli par les applaudissements chaleureux de tous les partis, et qui a valu au gouvernement un ordre du jour de confiance de 495 voix, voté par la Chambre à l'unanimité. Ce que nous pouvons en dire, c'est que le ministre des affaires étrangères a fait entendre pour la première fois à la Chambre un langage sincère, net, profondément patriotique, dans la juste mesure que commandent les convenances diplomatiques, langage tout nouveau et singulièrement à l'honneur du gouvernement républicain.

Il faut le dire bien haut, le cabinet du 13 décembre, qui a su si promptement reconquérir les sympathies de l'Europe, qu'avait détournées le gouvernement du 16 mai, a été bien puissamment aidé dans cette tâche par M. Waddington. Le ministre des affaires étrangères n'est pas de ceux chez qui la bonhomie et la franchise excluent la finesse et l'habileté. S'attachant obstinément à l'objet qu'il poursuit, ne se laissant déconcerter par aucun obstacle ni désorienter par aucune complication, M. Waddington est l'homme qui représente le mieux le *justum et tenacem propositi virum* du poëte latin.

A l'Assemblée de 1871, on l'avait bien mal compris tout d'abord.

Ne faisant partie d'aucun groupe, votant tantôt avec la droite, tantôt avec la gauche, il était considéré par quelques-uns comme un de ces irréguliers qui obéissent au courant du jour et ne se fixent en aucun parti. M. Waddington eut soin de dissiper promptement toute illusion à cet égard. Dans son célèbre rapport sur la loi départementale du 7 avril 1871, dans la discussion qui s'ouvrit sur cette loi, il se montra à tous comme un esprit inflexiblement libéral, décidé à appliquer rigoureusement les règles du régime parlementaire, le principe du gouvernement du pays par le pays. Dès lors, sans être absolument rallié à la République, il appartenait à la gauche. Il y vint en effet bien vite, et ce fut avec une singulière sagacité que M. Thiers le choisit pour défendre contre l'opposition monarchique, qui devait triompher quelques jours plus tard, la constitution libérale de 1873, avec MM. Bérenger, Dufaure, Casimir Périer et de Rémusat. Après la chute du duc de Broglie, le Maréchal lui offrit un portefeuille dans le cabinet Cissey; il refusa, ne voulant faire partie d'aucun ministère de droite.

M. Waddington était un des plus fidèles de nos alliés; il est aujourd'hui des nôtres, et non des moins zélés. Les services qu'il a rendus à la cause de l'enseignement public, l'ardeur avec laquelle il a défendu, en 1876, les intérêts de l'État contre la loi de prétendue liberté d'enseignement supérieur, sont des faits trop connus pour qu'il soit utile d'insister.

Il faut convenir d'ailleurs que, tout en portant sa sollicitude sur les améliorations de détail les plus minimes en apparence comme les plus hautes, M. Waddington avait une compétence bien incontestable pour traiter les questions qui intéressent l'avenir scientifique du pays. C'est un érudit et un savant de premier ordre que le ministre qui, par trois fois, a eu la direction du département de l'instruction publique. Il a suivi de hautes traditions de famille, et n'en a pas démérité. Son oncle paternel était le célèbre Waddington-Kastus, professeur à la Sorbonne et membre de l'Institut.

C'était une véritable famille de savants, car le fils du célèbre archéologue est devenu également professeur à la Sorbonne et membre de l'Institut, et une autre branche de la même famille est alliée au célèbre historien et diplomate allemand Bunsen.

M. Waddington, après avoir complété de fortes et solides études par un séjour de trois ans à l'université de Cambridge, laissa à son jeune frère Richard Waddington, actuellement député de la Seine-Inférieure, le soin de développer la prospérité des établissements industriels qui constituaient le patrimoine de la famille ; il ne voulut user de sa fortune que pour acquérir la science, cette parure de la richesse. Jeune encore, il entreprit un premier voyage en Asie Mineure, en Syrie et en Judée : il se proposait d'apporter son tribut à la reconstruction de l'histoire de ces races disparues qui peuplaient les versants du Liban.

Il fut assez heureux pour compléter, par des découvertes personnelles, des déchiffrements pleins de patience et de sagacité, le travail colossal accompli par les Renan, les Vogué, les Saulcy; il retraça à son tour, avec une largeur et une profondeur de vues remarquables, ce tableau du passé où Moabites, Madianites, Ammonites, Tyriens, Phéniciens, se heurtaient dans la vallée de la Syrie aux tribus hébraïques qui leur empruntaient leurs mœurs, leurs croyances, leurs traditions. Les inscriptions des stèles antiques, des débris d'édifices publics et religieux, furent interprétées par lui avec un rare bonheur, et ses travaux sur l'Asie Mineure prirent aussitôt place près de ceux de l'illustre Lebas. Il rapportait en outre une précieuse collection de bas-reliefs recueillis par lui sur les ruines de l'antique Cyzique, sur la Propontide, dont il fit don au musée du Louvre. Dès ce jour, il était célèbre dans le monde savant, et ce fut peu de temps après son second voyage en Syrie, en 1861, qu'il fut appelé à l'Institut par l'Académie des inscriptions et belles lettres.

M. Waddington faisait alors partie du conseil général de l'Aisne, où il avait été élu comme candidat de l'opposition, après une profession de foi nettement libérale. Aux élections législatives, en 1867, il se présenta comme candidat de la gauche, se maintenant énergiquement sur le terrain de l'union libérale : son concurrent ne fut nommé qu'avec une faible majorité.

Lors des élections générales de 1871, il fut élu à l'Assemblée nationale comme candidat indépendant; il était nommé sur la liste républicaine le troisième sur onze par près de 70,000 voix. Nous avons dit comment il se rallia résolûment, ne prenant conseil que de son patriotisme, à la politique de M. Thiers. C'est cette attitude si correcte qui le fit choisir, par deux fois, comme président, par la majorité républicaine du conseil général de l'Aisne.

Aux élections sénatoriales de 1876, il fut nommé avec une imposante majorité avec MM. Henri Martin et de Saint-Vallier, portés comme lui sur la liste républicaine.

II

M. LE COMTE DE SAINT-VALLIER.

M. de Saint-Vallier, comme M. Waddington, est venu à la République par raison, par patriotisme, par bonne foi. Il appartient à une famille légitimiste de l'Aisne, qui possède l'antique château de Coucy-lès-Eppes. C'est encore une recrue conquise à la gauche par M. Thiers, et ce nouveau venu n'est pas moins vaillant que les vétérans de notre armée républicaine.

M. de Saint-Vallier avait été souvent mis en avant pour occuper le ministère des affaires étrangères.

Ce fut lui qui, lors de la formation du cabinet du 13 décembre, s'effaça devant M. Waddington, réclamant l'honneur de représenter la France à Berlin et la mission difficile de seconder le ministre dans les démarches que le gouvernement était décidé à entreprendre pour désarmer l'hostilité que le cabinet du 16 mai avait provoquée de la part du cabinet de Berlin.

On sait déjà à quel point ces efforts ont réussi. M. de Saint-Vallier était mieux propre que personne à accomplir une pareille tâche, ayant su conquérir, lors de la mission qui lui avait été confiée par M. Thiers, en 1871, près de l'armée d'occupation allemande à Nancy, la confiance et presque la sympathie des autorités ennemies et du commandant en chef, le général de Manteuffel.

M. de Saint-Vallier est assurément, parmi nos diplomates, celui qui connaît le mieux les affaires intérieures et les hommes politiques de l'Allemagne. Il en a acquis l'expérience, comme on sait, lorsqu'il remplissait les fonctions de ministre plénipotentiaire de France en Wurtemberg, après avoir été chef de cabinet de M. de Moustier. On a beaucoup critiqué le silence et l'ignorance des diplomates de l'empire, et c'était justice ; mais il faut faire exception pour M. de Saint-Vallier. C'est le seul qui ait eu le courage de dire la vérité au gouvernement impérial, de lui dévoiler les piéges que tendait l'Allemagne sous ses pieds, de l'avertir toujours à temps, sans jamais, hélas ! avoir pu empêcher une seule faute.

Au moins les ministres de l'empire ne pourront-ils guère s'excuser d'avoir péché par ignorance ; car les rapports de M. de Saint-Vallier, pendant cette funeste année 1870, ont dû leur enlever toute illusion à cet égard. Les dépêches de la légation de France à Stuttgard eussent pu contenir de bien utiles renseignements si l'on eût pris la peine de les consulter. On y eût lu ces déclarations très-catégoriques, avec preuves à l'appui, que les États de l'Allemagne du Sud pouvaient assurément se refuser à exécuter leurs traités avec la Prusse si cette puissance prenait l'initiative d'une agression contre la France, mais qu'ils se déclareraient ouvertement et résolûment contre nous si la provocation venait de notre côté.

Ce qu'on fit de ces dépêches au quai d'Orsay, il est inutile de le chercher. La première fois, le duc de Gramont haussa les épaules, sourit avec pitié et mit le rapport au panier. Le comte de Saint-Vallier eut beau multiplier les objurgations, entasser les avertissements sur les prédictions, on voulut être aveugle et sourd.

Et jamais une seule des dépêches de cet agent consciencieux et patriote, qui osait dire la vérité, ne fut exhumée des cartons ministériels au cours de la crise du mois de juillet 1870. Les télégrammes du comte de Saint-Vallier, à cette époque douloureuse, sont navrants à lire : on croirait qu'il s'agit d'arrêter des fous qui veulent se jeter à l'eau.

De tels précédents et l'attitude très-fermement libérale que M. de Saint-Vallier a observée au Sénat, avec ses collègues du département de l'Aisne, sont bien faits pour justifier notre confiance envers le diplomate qui représente près de la cour d'Allemagne la République française, et qui va, aux côtés du ministre, défendre au congrès de Berlin les intérêts de la France et la politique pacifique qu'elle poursuit dans le règlement de la question d'Orient.

M. de Saint-Vallier a déjà su, nous l'avons dit, mériter des témoignages de sincère estime de la part du gouvernement allemand ; il en a même obtenu plusieurs fois des marques de la plus haute confiance. C'est ainsi que, longtemps avant que les autres puissances en eussent été informées, il recevait confidentiellement conmunication des pourparlers entre l'Angleterre et la Russie à l'occasion de la réunion du congrès ; ces informations toutes secrètes n'étaient guère destinées à recevoir la publicité qui leur a été donnée, mais l'imprudence qui a été commise en cette circonstance n'est imputable ni à l'ambassadeur ni au ministre. Nous ne voulons pas rappeler quel était l'auteur de l'indiscrétion, car son irresponsabilité même nous fait une loi de ne point insister sur ce regrettable incident. Mais comme certains journaux se sont efforcés à ce propos de mettre en suspicion la réserve et la loyauté de notre ambassadeur à Berlin, nous tenons à déclarer que M. de Saint-Vallier est incapable, en quelque circonstance que ce soit, de se laisser aller à un acte de complaisance ou d'étourderie qui pourrait susciter au gouvernement quelque difficulté intérieure ou extérieure.

LES PLÉNIPOTENTIAIRES ANGLAIS

I

M. DISRAELI, COMTE DE BEACONSFIELD.

Il paraît que la reine Victoria se propose de décerner à son premier ministre, lorsqu'il sera de retour du congrès de Berlin, le titre de duc. L'intention est louable ; mais ce nouveau titre, pas plus que celui de comte de Beaconsfield, n'ajoutera rien à la gloire du nom de Disraeli. Quand il vint grossir, vers 1840, à la Chambre des communes, les rangs du parti tory, on ne se scandalisa pas de la conversion inattendue de l'ancien chef du parti radical. Ce fut son origine plébéienne qui effaroucha les nobles défenseurs des doctrines conservatrices, et ceux ci n'accueillirent qu'avec une extrême froideur cet étrange allié, « ce faiseur de romans, sans aïeux, sans titre, sans fortune, » auquel ils firent cruellement sentir leurs dédains et la morgue de la *gentry* britannique.

« Le jour viendra où vous m'écouterez, » s'écriait Benjamin Disraeli en 1837, avec une orgueilleuse assurance, comme si sa conscience lui eût révélé le secret de sa haute destinée. Et ce temps est venu : il y a longtemps que la prédiction s'est réalisée.

Aujourd'hui lord Beaconsfield, créé pair d'Angleterre, a conquis autant de gloire que les plus illustres maisons de l'aristocratie britannique ; mais le manteau de velours et les armoiries de Sa *Lordship* n'effacent pas encore le souvenir de ce nom sous lequel le grand homme d'État s'est fait et demeurera célèbre : Benjamin Disraeli.

Quelle singulière physionomie que ce long visage encadré de capricieuses mèches frisées, ces traits rudes et cette expression narquoise que les charges du *Punch* ont rendus célèbres, et quelle singulière destinée que celle de ce romancier devenu subitement homme politique et parvenu, à force de talent et d'énergie, à la plus haute magistrature de son pays ! Et combien sont curieuses les échappées dans la littérature qui ont marqué parfois sa carrière d'homme public, comme, il y a sept ou huit ans, son roman de *Lothair*, si piquant et si original !

Qu'on apprécie comme on voudra la politique de M. Disraeli, ce qui est certain, c'est que cet homme d'État est une des plus grandes figures de notre époque, mais aussi une des plus singulières. C'est ce qu'on appelle en style vulgaire un tempérament. Tantôt impitoyable dans la raillerie, tantôt amer à l'excès dans la critique, tantôt impétueux dans la lutte, on ne peut trouver de plus terrible adversaire, qu'il soit au pouvoir ou dans l'opposition.

Comme orateur, il se rapproche par certains côtés de M. Du'aure, qui a l'ironie si cruelle et si dédaigneuse. Mais l'homme d'État anglais, lettré aussi, manque un peu trop de cette mesure, de cette correction, de cette souplesse qui constituent le talent du ministre français.

Celui de M. Disraeli est tout d'improvisation, de passion, d'humeur, de mouvement. Il est inégal, saccadé, brutal ; il a des soubresauts et des incohérences. Ce n'est plus l'athlète maître de lui-même et mesurant ses coups, c'est le lutteur décidé à risquer tout.

On trouve peu de ces sortes de natures en Angleterre. C'est que M. Disr eli porte malgré tout la marque de sa nationalité primitive. Chez lui, l'Anglo-Saxon recouvre à peine le juif, l'Asiatique : sous la roideur du premier percent aisément la finesse et aussi la rouerie du second. Son esprit même est un produit de la fusion des deux races : l'*humour* britannique s'y mêle à la perfidie orientale. Souvent même on retrouve chez lui quelque vieux levain de cette astuce italienne à laquelle s'était habituée pendant près de trois siècles la famille Disraeli. C'est, en effet, au quinzième siècle que les Disraeli, expulsés d'Espagne par l'inquisition, étaient allés, avec un grand nombre de juifs espagnols, se fixer en Italie, à Venise ; ce n'est qu'en 1750 que le grand père de Benjamin Disraeli vint établir à Londres le siége de la famille : le juif, l'Italien et l'Anglo-Saxon se sont donc pour ainsi dire juxtaposés pour produire ce singulier amalgame de talents et de défauts. C'est ce qui explique les inconséquences bizarres de cette puissante nature et les étranges contradictions qui ont marqué la carrière politique du célèbre homme d'État.

Sa vie offre en effet le plus curieux mélange de toutes les opinions et de toutes les idées. C'est une révolution perpétuelle. Radical et conservateur, libre échangiste et prohibitionniste, pacifique et belliqueux, romancier et homme d'État, il a passé par toutes ces transformations, rejetant toujours le lendemain, sans aucun remords de conscience et avec crânerie, le masque de la veille. Sa carrière littéraire a développé surtout en lui cette imagination sans cesse en activité, inquiète : d'où sa grandeur et aussi sa faiblesse.

En France, cette fureur de travestissements, ce besoin incessant de métamorphoses eussent ruiné dès le début la carrière du fougueux homme d'État. En Angleterre, c'est tout différent. On n'a garde de lui reprocher ses variations politiques, son inconstance, de le mettre en contradiction avec lui-même. On ne considère que l'homme actuel. Le passé est mort, et si l'on se souvient du Disraeli d'antan, on n'a guère l'idée de critiquer ce qui est considéré de l'autre côté de la Manche comme une évolution toute naturelle de l'intelligence et de l'activité humaines. Nul ne prétend là-bas à la perfection ni à l'immobilité absolue de la raison, et il est permis à chacun d'avoir autant d'opinions que bon lui semble. Et nos voisins répondraient à toutes nos railleries par cette parole célèbre du poëte qui, lui aussi, a proclamé le droit du penseur à l'évolution intellectuelle et au perfectionnement de lui-même :

> L'homme absurde est celui qui ne change jamais.

Au fond, M. Disraeli est toujours resté le même : au

congrès de Berlin, le vieux premier ministre va retrouver toute son énergie, toute sa tenacité, toute son âpreté pour soustraire à la domination russe ce misérable lopin de terre qui s'appelait la Turquie d'Europe. Sol aride, pays ruinés, races bâtardes et avilies par la conquête : voilà un beau sujet de querelles en vérité. Que de fictions au fond de tout cela, et pourquoi M. Disraeli veut-il laisser à l'avenir seul le soin de régler cette grosse question, la seule qui le préoccupe : Constantinople et l'Égypte ?

En ce qui nous concerne, nous préférons sincèrement que l'avenir le plus éloigné se charge de ménager une solution quelconque de ce terrible problème. Mais il nous semblerait cruel de voir les Anglais et les Russes s'entr'égorger pour quelques millions de chrétiens ou quelques millions de Turcs, qui ne valent pas plus cher les uns que les autres. L'étymologie nous affirme, il est vrai, que les ancêtres des Bulgares ont été des Boulgres ; mais cela dépend de la manière dont le mot s'entend.

Aussi le ministre anglais a peu de sympathie pour les théories des philanthropes qui préconisent la régénération des peuples de la Turquie d'Europe. C'est assurément le vieux fond sémitique qui a engendré chez M. Disraeli ce dédain profond du Slave, cette indifférence absolue pour les lamentations de M. Gladstone et des libéraux en faveur des chrétiens d'Orient.

Il ne se laisse aller à aucune pitié intempestive ou inutile : c'est seulement avec la conscience de l'intérêt de l'Angleterre qu'il est intervenu dans le redoutable conflit des races qui se heurtent dans la péninsule des Balkans, pour opposer à l'invasion du panslavisme un fier et superbe défi.

On a beaucoup critiqué la politique de lord Beaconsfield; elle est pourtant bien nette, et les tergiversations qu'on a reprochées au célèbre homme d'État étaient plutôt l'effet des résistances qu'il a rencontrées chez quelques-uns de ses collègues du cabinet. On se rappelle le fameux discours de Guildhall, en août 1876, par lequel il fit retentir jusqu'aux extrémités du continent la menace qui ébranla jusqu'aux voûtes des palais moscovites. Ce n'était pas pour la vaine satisfaction du rival qui se plaît à intimider et à humilier son adversaire que le premier lord de la Trésorerie jetait à la face de l'Europe l'affirmation de l'existence de l'Angleterre et l'expression de sa volonté. C'était le ministre, l'homme d'État, qui rejetait les formules étroites dans lesquelles la diplomatie de lord Derby essayait de l'emprisonner, et qui, comme conséquence de l'envoi de la flotte anglaise à Besika, revendiquait sans ménagements les droits de l'Angleterre établis par les traités, au besoin appuyés par la force. On cria au scandale, à la trahison. M. Disraeli, qui, dans un moment d'impatience et de fierté, avait voulu redresser sa taille de toute sa hauteur, fut obligé de s'effacer, de se maîtriser. Au congrès, il lui faudra encore bien souvent dominer son orgueil, ses rancunes, sa brusquerie; mais que les subtilités diplomatiques conviennent peu à cette nature si vigoureuse et si pétulante!

Ce sera d'ailleurs un des plus glorieux épisodes de sa carrière politique, déjà si brillante, que ce congrès de Berlin, auquel lord Beaconsfield est allé prendre part, après en avoir lui-même déterminé le programme et les préliminaires. Ce ne sera peut être pas l'épilogue de cette longue carrière, car, à soixante-treize ans, M. Disraeli n'est pas encore arrivé a l'heure du repos. Jamais, au contraire, son activité, sa belle humeur, son esprit n'ont été aussi merveilleusement éveillés. Et ce n'est pas au moment même où il va, d'une manière éclatante, consacrer la puissance et le prestige de l'Angleterre qu'il peut renoncer à rendre de nouveaux services à son pays.

C'est certainement l'époque la plus noble de sa vie, et les dernières années ont été signalées par des actes qui resteront bien glorieux dans les annales de l'histoire d'Angleterre. D'abord, la proclamation du titre d'impératrice des Indes donné à la reine, qui consacre par l'éblouissant rayonnement de la majesté souveraine la suprématie de l'Angleterre dans sa grande et riche colonie. Puis l'achat des 176,000 actions du canal de Suez, qui assure à l'Angleterre la liberté de sa navigation vers l'Inde, et prépare en même temps pour l'avenir l'acquisition définitive de cette route si précieuse et si sûre. Enfin cette politique énergique dans la crise orientale, qui non-seulement a relevé à ses propres yeux l'Angleterre, isolée par l'aveugle et coupable égoïsme de la politique du cabinet Gladstone, mais a rendu à l'Europe la conscience de ses devoirs et de sa dignité. Et si la réunion du congrès de Berlin témoigne qu'il y a encore une Europe, on le doit surtout à l'attitude virile de lord Beaconsfield.

Un mot en terminant sur un des épisodes les plus intéressants pour nous du ministère de M. Disraeli : En mai 1875, le premier ministre fit part à la Chambre des démarches qu'il avait dû faire près du cabinet de Berlin pour détourner de nos frontières l'invasion, qui s'approchait menaçante et soudaine. C'était la politique cléricale des ministres du 24 mai qui avait été le prétexte de cette brutale agression de l'Allemagne. Nous n'ignorons pas que M. Disraeli, en cette circonstance, ne fut pas seul à plaider notre cause, et que l'intervention du prince Gortschakoff fut aussi d'un utile secours à la

France. Mais, si nous rapprochons ce mouvement de généreuse sympathie du premier ministre tory de la criminelle malveillance avec laquelle le cabinet Gladstone, en 1870, organisa contre nous la fameuse ligue des neutres, pour assurer notre défaite et notre écrasement, il sera facile de concevoir quels sont, de l'autre côté de la Manche, ceux que la France a le droit de considérer comme ses véritables amis.

II

LE MARQUIS DE SALISBURY.

Nous n'essaierons pas d'établir un parallèle entre les deux plénipotentiaires anglais : à tout point de vue, le contraste serait singulièrement frappant. Tout au rebours du glorieux parvenu qui dirige depuis cinq ans les destinées de l'Angleterre, l'héritier des Talbot-Salisbury, des Cecil, qui furent alliés à la maison royale, est Anglais par excellence. Nulle passion ne semble l'agiter ; il ne veut obéir qu'aux conseils de la saine et froide raison, et se méfie de son propre jugement, lorsqu'il ne se sent pas guidé par l'inflexible rigueur des principes.

Ce fut cette austérité de *quaker*, non moins que sa compétence spéciale comme ministre des Indes, qui le fit choisir par lord Derby pour représenter l'Angleterre à la conférence de Constantinople. Ces précédents et la qualité actuelle de ministre des affaires étrangères le désignaient hautement pour prendre place à côté de lord Beaconsfield au congrès de Berlin ; mais il est probable que lord Salisbury jouera cette fois un rôle un peu moins brillant. Ce n'est pas seulement parce que la présence du chef du gouvernement le condamne à une attitude plus effacée, c'est aussi parce qu'on aurait parfois à lui rappeler des souvenirs un peu compromettants. Il a reconnu lui-même qu'il s'était laissé séduire, lors de la conférence, par les déclarations pacifiques et humanitaires du général Ignatieff. Au début de la guerre turco-russe, il a fait amende honorable de ses erreurs et de sa naïveté, et, lors de son entrée au Foreign-Office, s'est efforcé de réparer ses torts en parlant dès le début un langage sévère, précis, en se plaçant exclusivement sur le terrain des fameux intérêts anglais, et en abandonnant résolûment la cause des chrétiens d'Orient, dans la défense desquels il s'était jadis si imprudemment fourvoyé.

A vrai dire, un tel revirement est bien curieux chez un puritain, un piétiste, un philanthrope. Car enfin, si l'humanité exige que les puissances garantes assurent l'indépendance civile et religieuse des peuples chrétiens contre le despotisme musulman, l'Angleterre n'a point à faire valoir des intérêts contraires, et doit s'incliner devant la loi de justice et de civilisation.

Mais cette inconséquence n'est pas le côté le plus remarquable de la carrière politique du marquis de Salisbury. Ce qu'il y a de plus étrange, c'est la contradiction entre la pieuse austérité de ce penseur, de ce philosophe, et la dureté de son administration comme ministre des Indes. Voilà un peuple de 250 millions d'individus que l'Angleterre s'efforce, depuis un siècle, de façonner au joug, de ployer sous la force. Nul souci de la liberté civile. Le despotisme ottoman est dépassé. Les tentatives de rébellion impitoyablement réprimées; les chefs insurgés attachés à la gueule des canons; l'avilissement des rajahs, l'abrutissement des populations indigènes, le mépris profond de la personnalité humaine, des croyances et des mœurs de ses sujets : tel est le régime que l'Angleterre a fait peser, depuis la révolte de Tippoo Saheb, sur ces belles contrées de l'Inde qui virent naître, il y a cinquante siècles, une poésie, une métaphysique, une science du langage dont la hauteur n'a été atteinte par aucune nation civilisée. Et quel anéantissement de la liberté religieuse, comparé à la tolérance accordée par la Porte aux chrétiens d'Orient ! A ces doctrines admirables du mysticisme védique, à ce panthéisme profond du réformateur Çakya-Mouni, dont aucune religion n'égale la douceur et la bienfaisance, si ce n'est celles de Confucius et de Lao Tsee, l'Anglican fanatique oppose ses missionnaires commerçants, qui poursuivent leur hideuse propagande sous les baïonnettes des cipayes. Et les pieuses institutions de ce peuple rêveur et sensible sont partout supprimées, les manifestations les plus inoffensives partout interdites.

Il a toléré toutes ces infamies, le noble lord, ainsi que d'autres abus tyranniques qu'il est inutile de rappeler ici, sans compter les persécutions contre les catholiques d'Irlande. Son administration, comme ministre des Indes, n'a pas été moins barbare que celle de ses prédécesseurs. Il pourra donc, comme à la conférence de Constantinople, parler au nom de l'humanité et de la civilisation, si l'intérêt anglais ne s'y oppose pas. Mais nous ne croirons jamais qu'il ait pu se laisser jadis induire en philanthropie par le général Ignatieff. Car il eût songé certainement que les Irlandais et les humbles Hindous ne sont pas plus indignes de la sollicitude du gouvernement britannique que les sujets du Grand Turc.

III

LORD ODO RUSSELL.

Le troisième plénipotentiaire de l'Angleterre court beaucoup moins que les deux autres le danger d'être mis en contradiction avec lui-même; tout entier aux questions diplomatiques qui ressortissent à ses fonctions d'ambassadeur d'Angleterre près du gouvernement allemand, il n'a pris part que très-indirectement aux laborieuses négociations qui se poursuivent depuis près de trois ans.

Pourtant, il y a deux ans, à pareille époque, lord Odo Russell eut un beau rôle à jouer. C'était lors de l'entrevue des trois chanceliers et du fameux memorandun de Berlin, dont la conclusion posait le principe de l'intervention armée des puissances en Orient. On sait que l'acquiescement apparent de l'ambassadeur britannique engagea les représentants de la France et de l'Italie à accorder, sans doute avec un peu de précipitation, leur adhésion complète et sans réserve aux termes du memorandum Gortchakoff. En cette circonstance, lord Odo Russell reçut de son gouvernement le plus éclatant désaveu qui puisse être infligé à un agent diplomatique pour cause d'imprudence ou d'excès de zèle.

On conçoit d'ailleurs que l'ambassadeur d'Angleterre se soit trouvé tant soit peu indécis en présence des tergiversations du cabinet et des divisions qui séparaient alors lord Derby et M. Disraeli. Mais, cette fois, la présence du ministre des affaires étrangères et du chef du cabinet va préserver lord Odo Russell de tout entraînement intempestif et de toute fausse démarche.

De sa personne, le diplomate anglais, jeune encore, est le type du parfait gentleman, ou, pour mieux dire, le représentant le plus brillant de l'aristocratie britannique. Fils du général Villiam Russell, petit-neveu de lord John Russell, l'ancien ministre libéral, lord Odo a suivi de bonne heure la carrière diplomatique, vers laquelle l'attiraient de hautes traditions de famille. Il a remplacé depuis 1871, à Berlin, lord Loftus, nommé alors ambassadeur à Saint-Pétersbourg. Sa qualité d'agent irresponsable lui interdit de suivre, dans les négociations auxquelles il est appelé à prendre part, une autre ligne de conduite que celle que lui dictent ses chefs hiérarchiques. Mais les relations qu'il a entretenues pendant plus de six ans avec le cabinet de Berlin font de lui un utile collaborateur pour les deux autres plénipotentiaires, car nul n'est mieux à même que lui de savoir dans quelle mesure le gouvernement allemand pourra appuyer la politique de l'Angleterre ou défendre les prétentions de la Russie.

Son concours était donc très précieux pour lord Beaconsfield et pour lord Salisbury, qui l'ont appelé à marcher à leurs côtés à l'assaut de ce traité de San-Stefano qui, à cette heure même, forme l'objet des plus graves débats qui aient retenti en Europe depuis ceux du congrès de Vienne.

LES PLÉNIPOTENTIAIRES RUSSES.

I

LE PRINCE GORTCHAKOFF.

Le congrès de Berlin n'eût eu aucune raison d'être si le prince Gortchakoff n'y eût point assisté. C'est la politique du vieux chancelier qui s'accomplit. C'est pour ainsi dire son idée qui triomphe. La revanche du traité de Paris, tel a été le but constant de ses efforts depuis le jour où il a recueilli la succession de Nesselrode. La solution des questions européennes par un congrès, tel a été son axiome politique depuis qu'il dirige les affaires extérieures de la Russie. Au lendemain de la campagne de 1859 et de la guerre de 1866, c'était lui qui prenait l'initiative de la proposition d'un congrès; il est vrai de dire qu'il montrait moins d'empressement à accepter cet expédient pour son usage, lorsque, comme à propos de l'insurrection polonaise de 1863, on lui demandait de se soumettre lui-même aux vœux des autres puissances.

Toujours est-il que le traité de San-Stefano, ou pour mieux dire le congrès de Berlin, car le traité du 1er mars a été conclu en dehors et presque en dépit de l'autorité du chancelier, marque l'heure de cette revanche que la Russie a poursuivie avec tant de ténacité et de souplesse depuis 1856. La carrière politique du prince Gortchakoff est étroitement liée aux événements des vingt dernières années, et c'est pour cette raison qu'il est difficile d'apprécier d'une manière impartiale le rôle qu'il y a fait jouer à la Russie et qu'il y a joué lui-même.

Ce n'est pas non plus à ce point de vue que nous voulons esquisser cette fine et vivante physionomie. Comme homme d'État, il appartient à l'histoire, et c'est elle qui dira dans quelle mesure son action a été favorable au développement matériel, moral et politique de son pays. Nous qui l'avons vu à l'œuvre, pour ainsi dire, nous ne pouvons nous empêcher de rappeler que l'écrasement de la France en 1870, comme celui de l'Autriche en 1866, formaient comme les articles du programme poursuivi en commun par les chanceliers d'Allemagne et de Russie.

Pour s'attaquer résolûment à la Turquie et accomplir cette œuvre de revanche entrevue comme un rêve depuis 1856, il fallait qu'aucune des puissances occidentales ne fût tentée de suivre l'Angleterre, si le cabinet de Saint-James s'avisait de prendre la défense du traité de Paris. Il fallait donc atteindre d'abord l'Autriche, puis la France, et les chaleureux témoignages de reconnaissance de la Prusse après ses victoires de 1870 montraient assez, si nous ne l'avions déjà trop bien appris, à quel point le concours de la Russie avait aidé cette puissance à accomplir cette tâche. « La Russie ne boude pas, elle se recueille, » disait il y a vingt ans Alexandre Michaïlovitch; et, durant ce recueillement de vingt années, elle préparait en silence et à pas lents cette destruction de la Turquie d'Europe que la quadruple alliance avait empêchée en 1856, et que le successeur de Nicolas ambitionnait de consommer quand l'heure serait venue. L'alliance prussienne et la politique de fer et de sang déchaînée sur l'Europe ont singulièrement avancé cette heure-là.

Le prince Gortchakoff est donc en grande partie responsable de la résurrection de cette politique de conquêtes, de spoliations et d'iniquités caractérisée par la célèbre maxime du prince de Bismarck. Il y a eu complicité morale et matérielle entre les deux chanceliers, avec cette nuance que l'homme d'État russe a témoigné en apparence un peu plus de respect pour la volonté de l'Europe. Le résultat du congrès de Berlin nous fera voir si cette déférence n'est autre chose qu'une feinte de la politique russe, destinée à masquer un mépris du droit des gens aussi audacieux que celui que professe avec tant d'arrogance le prince de Bismarck.

Quoi qu'il en soit, l'Allemagne va clairement manifester si elle a su apprécier les services éclatants qu'elle a reçus de l'alliance russe. C'est sur la reconnaissance de l'empereur Guillaume que le tsar a fondé ses plus chères espérances pour que le règlement final de la question d'Orient soit conforme aux ambitieuses visées de la Russie. Les deux chanceliers ont dû prevoir tous les obstacles qui surgiraient; et sans doute, à cette heure même, le prince de Bismarck emploie toute son adresse et toute son influence en faveur de son vieil ami, pour soustraire aux convoitises de l'Angleterre et de l'Autriche la proie qu'il est si près d'atteindre.

Pourtant, c'est chose si fragile que la reconnaissance en politique (l'Autriche et l'Italie l'ont prouvé depuis longtemps), que l'amitié du prince de Bismarck peut sembler aux sceptiques un appui bien précaire pour la politique du prince Gortchakoff. C'est sans doute sous l'impression d'une très-juste méfiance, non moins que par un sentiment d'amour-propre tout naturel, que le vieux chancelier, à quatre-vingts ans passés et à peine rétabli d'une terrible attaque qui a inspiré des craintes sérieuses pour sa vie, a résolu de prendre part au congrès. Il ne s'en rapporte qu'à lui-même pour défendre sa politique, devenue l'objet d'attaques si vives et si dangereuses. Si sa santé le permet, il va être comme l'âme du congrès. C'est l'orateur par excellence; le disert, le lettré, l'homme d'État se confondent pour former un genre d'éloquence tout particulier, composé de malice et de bonhomie, d'émotion et de sang-froid, de souplesse et de vigueur. A travers ses lunettes d'or, ses deux yeux profonds s'éclairent dans la discussion, comme pour appeler la lutte et apporter la lumière. Il eût été difficile, comme nous le disions tout d'abord, de concevoir un congrès où il n'eût point assisté. Les Bismarck, les Disraeli, les Andrassy, les Salisbury pâlissent singulièrement devant cette physionomie dont l'âge n'a point altéré la sérénité ni la finesse. Avec le prince Gortchakoff, il n'y eût eu peut-être qu'un homme d'État en Europe qui eût pu occuper la place d'honneur au congrès : c'eût été M. Thiers, le vieil ami du chancelier, qui, par certains côtés, offrait avec lui de si frappantes analogies.

Quant à la carrière diplomatique du prince Gortchakoff, elle est trop connue pour qu'il soit utile d'insister. Nous rappellerons seulement qu'il avait débuté aux congrès de Laybach et de Vérone avec le comte de Nesselrode, dont il devait prendre la succession à quarante ans de là. Pendant les vingt années suivantes, il avait parcouru comme secrétaire diverses ambassades, celles de Londres, de Florence, de Vienne. Mais la carrière politique d'Alexandre-Michaïlowich ne date que de 1841, époque à laquelle il fut chargé, comme ministre de Russie à Stuttgard, de la difficile mission de négocier le mariage du prince-héritier de Wurtemberg avec la grande-duchesse Olga, sœur d'Alexandre. C'est à la suite du succès de cette mission qu'il fut élevé à la dignité de conseiller intime et chargé peu de temps après, comme ambassadeur à Vienne, d'aller rappeler à l'empereur François-Joseph, au début de la guerre de Crimée, qu'il n'avait dû sa couronne en 1849 qu'à l'intervention du tzar Nicolas. On sait que, lorsqu'il quitta Vienne sans avoir pu réussir dans sa mission, il prononça cette parole amère qui explique assez clairement la politique de la Russie vis-à-vis de son infidèle alliée: « L'Autriche a étonné le monde par son ingratitude. » Puisse le prince Gortchakoff ne pas éprouver de la part de la Prusse la même désillusion sur la fragilité des alliances politiques fondées sur la reconnaissance des peuples et des gouvernements !

II

LE COMTE SCHOUWALOFF.

Le comte Schouwaloff a débuté dans la diplomatie, comme le prince Gortchakoff, en négociant le mariage d'une des filles du tsar. Ce fut à Londres qu'il vint remplir, en 1873, cette mission de confiance ; il y réussit, et le mariage du duc d'Édimbourg avec la grande-duchesse Marie fut conclu par ses soins. Union malheureuse, comme on sait, car la princesse a quitté depuis longtemps la cour d'Angleterre, dégoûtée par des querelles d'étiquette, et même, dit-on, des désenchantements domestiques, ce qui fait regretter aujourd'hui au comte Schouwaloff d'avoir trop bien réussi dans sa mission.

L'envoyé russe avait d'ailleurs un autre devoir à remplir près du gouvernement anglais. Il lui fallait rassurer le cabinet de Saint-James au sujet des projets de la Russie sur l'Asie centrale, où les conquêtes du général Skobeleff avaient provoqué dans le public anglais un mouvement d'inquiétude et d'irritation dont le gouvernement s'était fait l'interprète. Grâce aux assurances du comte Schouwaloff, M. Disraeli put répondre à quelques mois de là aux interpellations de M. Cochrane que les progrès de la Russie dans l'Asie centrale ne pouvaient porter aucune atteinte aux intérêts anglais. Conformément à la promesse que son ambassadeur avait faite au cabinet de Londres, le gouvernement russe faisait en même temps évacuer Khiva, malgré les réclamations du khan tartare, qui demandait que la garnison restât pour le défendre contre les Turcomans.

Ce fut à la suite de ce double succès que le comte Schouwaloff fut nommé définitivement au poste d'ambassadeur de Russie à Londres, qu'il occupe encore aujourd'hui. Nous avons dit combien ses efforts avaient été favorables à la solution pacifique dn conflit entre l'Angleterre et la Russie; c'est à lui en grande partie qu'est due la réunion du congrès, et il était désigné pour y représenter la Russie au même titre que le chancelier, dont il a puissamment secondé la politique, et qu'il a surtout préservé des manœuvres de son plus dangereux compétiteur, le général Ignatieff.

Cette rivalité entre les deux diplomates explique bien des incidents des dernières années. Tour à tour l'influence du belliqueux général a paralysé les efforts pacifiques du comte Schouwaloff, et réciproquement ce dernier parvenait à tenir en échec son turbulent adversaire. De là ces vicissitudes de la crise orientale que nous avons eu bien des fois à constater, même avant la guerre russo-turque. Lorsque le comte Schouwaloff négociait avec tant d'habileté la conclusion du protocole du 31 mars 1877, il était difficile de prévoir qu'à quinze jours de là, l'armée russe franchirait le Pruth.

Le prince Gortchakoff était opposé à cette guerre, comme à celle de Serbie, qui ne furent entreprises que sur les instances du général ; comme le chancelier, le comte Schouwaloff prétendait obtenir par l'intervention diplomatique seule le règlement de la question d'Orient. Et pendant toute la durée de ces deux campagnes, qui soulevèrent une si violente opposition de la part de l'Angleterre, ce fut l'ambassadeur de Russie à Londres qui joua le rôle difficile de conciliateur et de temporisateur, qui a si fort contribué à empêcher le gouvernement anglais de se décider à l'extrémité d'une intervention armée.

Le traité de San-Stefano souleva bien d'autres orages. Le général Ignatieff, qui était tombé en disgrâce lors des premières défaites de la Russie, avait retrouvé toute sa faveur lors de la chute de Plevna, et le traité du 1er mars, cette œuvre si dangereuse et si maladroite, avait été conclu par lui avec une précipitation et une insouciance lamentables.

Il était aussi impossible au chancelier de désavouer le traité que de le supprimer. Il fallut donc en subir les désastreuses conséquences ; et si la guerre a été détournée, si l'honneur de la Russie est encore sauf malgré les menaces et la pression du cabinet anglais, c'est grâce aux efforts inouïs du comte Schouwaloff qu'un tel résultat a été atteint.

Mais nous touchons de trop près aux négociations actuelles, et le moment n'est pas venu de porter un jugement sur la carrière politique du comte Schouwaloff. Il n'y a que cinq ans que l'ambassadeur russe occupe des fonctions diplomatiques, bien qu'il eût autrefois été attaché au comte Orloff, lors du congrès de Paris. Aujourd'hui, c'est par un concours de circonstances bien imprévues qu'il est appelé à prendre part au congrès de Berlin et à la révision du traité de 1856. Depuis 1857 jusqu'à 1873, il avait occupé des emplois administratifs, celui de gouverneur général dans les provinces baltiques, et, après l'attentat de Karakusoff, en 1866, celui de chef de la police secrète, poste de confiance, où son activité et sa modération furent justement remarquées.

Au point de vue politique, il appartient au parti conservateur, dont il est un des chefs, avec le comte Dimitri Tolstoï, le prince Gagarine et le comte Adlerberg. Il est encore plus éloigné que le prince Gortchakoff des théories et des manœuvres panslavistes, sur lesquelles le chancelier a parfois tenté de prendre un point d'appui pour sa politique extérieure. Il est surtout partisan convaincu de la nécessité du maintien de la paix, et veut préparer lentement, mais sûrement, la prépondérance de la race slave en Orient, sous les auspices de la Russie, qui poursuit à son profit cette œuvre d'émancipation.

En somme, le succès des négociations qu'il a été chargé de diriger comme ambassadeur de Russie en Angleterre, et le rétablisssement de l'entente entre les cabinets de Londres et de Saint-Pétersbourg, qui est en grande partie son œuvre, le désignent hautement comme successeur éventuel du prince Gortchakoff. Nous ne pouvons que nous en féliciter et en augurer favorablement pour la Russie. La politique pacifique du comte Schouwaloff est celle sur laquelle sont fondés tous nos vœux, tout notre intérêt, toutes nos espérances. C'est aussi de cette politique seule que la Russie peut attendre sa grandeur matérielle et morale, tandis que la politique d'aventures et l'esprit belliqueux ne pourraient lui rapporter que ce qu'ils ont semé de ruines, de deuils et de désastres pour les nations qui s'en sont inspirées.

LES PLÉNIPOTENTIAIRES AUTRICHIENS.

I

LE COMTE ANDRASSY.

C'est une étrange destinée que celle de ce révolutionnaire, jadis condamné à mort et pendu — en effigie, aujourd'hui ministre et chef du gouvernement constitutionnel de la vieille monarchie absolue des Habsbourg. Mais l'absolutisme a vécu, l'Autriche est transformée en Autriche-Hongrie, et à l'extérieur sa politique est bien éloignée des traditions des Metternich et de la politique historique de l'empire.

De toutes ces révolutions, le comte Andrassy a accompli la plus étonnante : la révolution diplomatique. Du moins il en a posé les principes, et il songe aujourd'hui à en recueillir les premiers fruits. Abandonner toute idée de prestige et d'influence en Occident; se rejeter résolûment vers l'Orient et établir la prépondérance de l'Autriche-Hongrie sur les races qui peuplent la péninsule des Balkans : tel est le programme politique du gouvernement hongrois, qui depuis 1871 a été imposé au cabinet de Vienne par le comte Andrassy. C'est à cette politique qu'est réduite l'Autriche-Hongrie depuis qu'elle a été expulsée de l'Allemagne et réduite au rôle de gardienne du bas Danube, du grand fleuve allemand, sur lequel les hommes d'État de Berlin ne désespèrent pas d'étendre la main un jour ou l'autre.

Qu'on ne s'y trompe pas : la politique du comte Andrassy peut sembler sage et patriotique ; elle peut paraître, en présence des prétentions de la Russie en Orient, conforme aux intérêts de l'Europe. En réalité, c'est une chimère toute pure. L'avenir nous apprendra dans quelle mesure le comte Andrassy et la Hongrie auront contribué à l'anéantissement de l'Autriche et de leur propre pays. Ce qui est certain, c'est que l'empire des Habsbourg est aujourd'hui dans la même situation, malgré des apparences de prospérité et de grandeur, que la Turquie en 1853, lorsque le tsar Nicolas appelait cet État « l'homme malade. » Et le prince de Bismarck n'a eu besoin que de modifier légèrement la formule pour l'appliquer à l'Autriche, qu'il a qualifiée, non sans ironie : « la femme malade. »

C'est bien justement aussi que le prince Gortchakoff s'écriait il y a vingt-cinq ans, à propos du même État : « Ce n'est pas une nation, c'est un gouvernement. » Or, depuis cette époque-là, le gouvernement a été bien changé ; bien plus : au lieu d'un, il y en a deux aujourd'hui. L'absolutisme des Metternich, des Bach, des Schwartzenberg, des Schmerling, pouvait réunir sous une bannière commune cette agglomération de nationalités rivales, jalouses, en guerre constante les unes contre les autres. Mais, du jour où Belcredi tenta de substituer à ce régime tyrannique celui du fédéralisme ; du jour où le comte de Beust, sous la pression des Hongrois, et grâce aux démarches pressantes du comte Andrassy près de la cour, fit adopter le dualisme comme base du système gouvernemental, la désagrégation de tous ces éléments incompatibles a commencé, ainsi que l'œuvre de dissolution de la monarchie des Habsbourg.

Et ce ne sont pas seulement les défaites de l'Autriche en 1859 et en 1866 ; ce n'est pas la restauration de l'empire d'Allemagne au profit de la Prusse qui ont inauguré cette période de décadence: c'est l'avénement de cette nation hongroise, qui compte à peine pour cinq millions d'individus dans les 32 millions de sujets de l'empire, et qui a atteint en quelques années cette suprématie sur les autres races qu'elle convoitait depuis des siècles. Le comte Andrassy a été le plus zélé auxiliaire de Ferenz Deak pour cette œuvre de reconstruction politique de la Hongrie. Comme l'ancien chef de la gauche, il applaudissait aux désastres de l'Autriche en Italie, aux conquêtes de la Prusse en Allemagne; il attendait que la maison de Habsbourg fût déchue de son antique souveraineté en Occident pour lui arracher cette réforme constitutionnelle, cet *Ausgleich* qui a été comme le coup de grâce pour la monarchie. A l'intérieur, l'anarchie et la détresse financière; au dehors, l'isolement et l'effacement: tel a été l'apport de la Hongrie dans ce contrat léonin, où c'était elle, naturellement, qui s'attribuait la part du lion.

Oui, c'est Andrassy, avec son ami François Deak, qui a accompli cette œuvre funeste pour l'empire des Habsbourg. Les espérances d'agrandissements en Orient, qu'ils offraient au souverain comme une sorte de compensation à ses revers en Occident, sont singulièrement compromises aujourd'hui. La Russie n'a pas eu de peine à devancer cette puissance, dont Napoléon a pu dire :

« L'Autriche est toujours en retard d'une idée, d'une année ou d'une armée. »

Échec sur échec, c'est toujours l'histoire de l'Autriche, et ce n'est pas l'habilété si vantée du comte Andrassy qui pourrait lui épargner à l'avenir les mécomptes et les déceptions. Le fameux plan, qu'il exposait il y a trois mois au général Ignatieff, et qui contient la somme des exigences du cabinet de Vienne concernant la réorganisation de la peninsule des Balkans, n'est qu'une conception bizarre et chimérique, et nous n'avons pas eu de peine à faire ressortir la faiblesse et l'inanité de ce programme. Les puissances vont être appelées à délibérer sur la valeur de ces prétentions; sans préjuger leur décision, il est permis de prévoir qu'on ne prendra pas en considération sans difficulté et sans contestation des intérêts très-problématiques et, en tout cas, nés d'hier. Croire que la prépondérance russe en Bulgarie puisse être limitée par la prépondérance de l'Autriche en Albanie, en Bosnie, en Macédoine, c'est faire beaucoup de cas du génie administratif de cette dernière puissance, et il nous semble que jusqu'ici les hommes d'État qui ont dirigé ses destinées n'ont fait preuve à cet égard que d'un esprit d'organisation très-relatif.

En tout cas, le comte Andrassy ne fait que poursuivre, dans le règlement de la question d'Orient, la réalisation des conditions auxquelles la Hongrie a consenti à s'associer aux destinées de l'Autriche. Lorsque le gouvernement austro-hongrois refusa de prendre part au conflit entre la France et la Prusse, en 1870, ce fut surtout l'influence du comte Andrassy, alors président du ministère transleithan, qui força le cabinet de Vienne à maintenir sa neutralité, malgré les sollicitations pressantes du cabinet des Tuileries. Aucune intervention en Occident, c'est la première des conditions posées par les Hongrois pour vivre en paix avec la Cisleithanie. Et quant à l'Orient, nous saurons prochainement à quelles difficultés doit se heurter le programme extérieur du comte Andrassy. Qu'il nous suffise de rappeler que la politique de François Deak, qu'il s'est donné la mission de mettre à exécution, est toute différente de celle de Kossuth. Ce dernier, dans son programme concernant la solution de la question d'Orient, n'avait jamais entendu fonder qu'une confédération du bas Danube, non plus sous le protectorat d'un État souverain, mais sur la base de l'autonomie pour chacune des nations qui y entreraient : Hongrois, Roumains, Serbes, Albanais et Bulgares. En dehors du plan de Kossuth, qui, à notre avis, est l'idée de l'avenir, il n'y a aucune autre solution du problème que la suprématie de la race slave sur les autres races de la péninsule des Balkans, par la main et au profit de la Russie. C'est ce qu'a préparé la politique du comte Andrassy en méconnaissant les droits des autres races à obtenir pour elles-mêmes une indépendance semblable à celle qu'avait conquise la Hongrie. Par son égoïsme et son aveuglement, il a ouvert la porte à l'ambition de la Russie, qui s'est hâtée d'en profiter.

Mais le comte Andrassy n'était pas un démocrate comme Kossuth, et la vieille fierté magyare a toujours protesté en lui contre l'assimilation des races slaves à la nation du royaume de Saint-Étienne. Le comte Gyula Andrassy de Czik Szent Kiraly de Krasna Horka appartient à une des plus vieilles maisons de l'aristocratie magyare. Député du comitat de Zemplin, sa ville natale, il se lançait avec Kossuth, en 1848, à vingt-cinq ans, dans le mouvement révolutionnaire, mais comme commandant des honveds du district et non comme démocrate radical. Lorsqu'il revint, après l'amnistie de 1857, prendre part au mouvement national pour la reconstitution politique de la Hongrie, ce fut au centre gauche qu'il prit place, après que les élections de 1860 l'eurent rendu à la vie publique. Ses doctrines politiques sont celles de François Deak. Nous saurons bientôt quelle peut être le valeur de ces doctrines en ce qui concerne les affaires extérieures. Nous souhaitons que l'expérience ne soit pas trop funeste à l'Autriche. Ce que nous savons déjà, c'est que l'Autriche a perdu, par suite des résistances de la Hongrie, la prépondérance en Italie et en Allemagne. D'autre part, il ne nous paraît pas prouvé que les Magyars aient beaucoup avancé jusqu'ici les affaires de l'Autriche en Orient, où ils s'étaient flattés de lui tailler un nouvel *Œsterreich* avec Pesth pour capitale. A tout point de vue, la politique du comte Andrassy est donc restée stérile, et l'avenir seul nous dira si l'œuvre qu'il a accomplie a été ou non utile et glorieuse pour son pays.

II

LE COMTE KAROLYI. — LE BARON DE HAYMERLE.

Comme le comte Gyula Andrassy, le comte Aloys de Nagy-Karolyi appartient à une des plus anciennes familles de l'aristocratie hongroise. Il n'a joué aucun rôle politique dans les luttes de la Hongrie contre le gouvernement autrichien : il a suivi la carrière diplomatique en parcourant successivement tous les degrés hiérarchiques. Attaché à l'ambassade d'Autriche à Londres, puis conseiller près de la même ambassade, il occupait les fonctions de ministre à Copenhague lorsque commença, au Parlement de Francfort, la célèbre querelle concernant la question du Schleswig-Holstein. Il fut alors choisi par le cabinet de Vienne pour entamer avec le cabinet de Berlin, de 1860 à 1866, en qualité d'ambassadeur près la cour de Prusse, ces laborieuses négociations qui aboutirent à la coalition de 1864, au *condominium* des deux puissances dans les duchés, à la convention de Gastein, et finalement à la guerre de 1866. Après la conclusion de la paix de Prague, il refusa, lors du rétablissement des relations diplomatiques entre la Prusse et l'Autriche, de reprendre son poste, et abandonna la carrière diplomatique, au moins pendant quelques années.

Le comte de Bismarck avait cependant, paraît-il, conservé un souvenir particulièrement favorable du diplomate autrichien, car ce fut lui qui demanda au comte Andrassy, en 1871, de lui renvoyer comme ambassadeur le comte Karolyi. Le comte Andrassy, qui prenait à ce moment la direction du ministère impérial et royal des affaires étrangères, s'empressa de satisfaire à cette demande, car on sait que l'homme d'État hongrois est singulièrement soucieux d'élever ses compatriotes aux plus hautes fonctions administratives et diplomatiques, et de faire admettre les Magyars aux dignités officielles sur le même pied que les Allemands de l'empire. C'est ce qui explique la grande quantité de noms magyars qui figurent sur l'annuaire national d'Autriche-Hongrie, tels que les Apponyi, les Kalnocky, les Karolyi, les Esterhazy, etc. Mais les titres et les services du comte Karolyi ne le signalaient pas moins au choix du premier ministre que sa qualité de Magyar, et son long séjour dans la capitale de l'empire d'Allemagne le désignait hautement pour représenter l'Autriche-Hongrie au congrès de Berlin à côté du comte Andrassy.

Le troisième plénipotentiaire autrichien est le baron de Haymerlé, diplomate d'ancienne date, comme le précédent. Il fut envoyé d'abord à la légation d'Autriche près du *Bund* de Francfort comme attaché d'ambassade; nommé peu après conseiller de légation, il fut appelé, lors de la conclusion des préliminaires de Nikolsbourg et du traité de Prague, à assister le baron Brenner dans les négociations relatives aux conditions de paix qui, par suite de l'intervention de Napoléon III et des prétentions de l'Italie, de la Prusse et de plusieurs États allemands, présentèrent de si nombreuses et si grosses difficultés.

Le baron de Haymerlé fut envoyé ensuite comme secrétaire à l'ambassade d'Autriche à Constantinople, et fut nommé peu de temps après ministre à Athènes, où il demeura près de quatre ans. Il fut envoyé en 1872 en la même qualité à la Haye, et, depuis dix-huit mois, il occupe le poste d'ambassadeur d'Autriche-Hongrie près du roi d'Italie. Un séjour de plusieurs années en Orient rendait son concours très-précieux pour le comte Andrassy, et c'est à ses connaissances spéciales qu'il a dû d'être nommé comme troisième plénipotentiaire d'Autriche au congrès de Berlin.

LES PLÉNIPOTENTIAIRES ALLEMANDS.

I

LE PRINCE DE BISMARCK.

Chasseur infatigable et grand buveur de bière, très-attentif à la gestion de ses domaines et ne dédaignant pas la vie terre-à-terre du gentilhomme campagnard, plein d'affection pour sa femme et ses enfants, adorant ses sœurs, Otto von Bismarck Schœnhausen aurait été le plus rond, le plus jovial et le plus paisible des hobereaux prussiens, s'il ne se fût avisé, un beau jour, de se mêler de politique et de se présenter à la députation. C'était Bismarck l'enragé (*der tolle Bismarck*), le champion du droit divin, la terreur des démocrates, le chef des *junkers* et du parti de la *Gazette de la Croix* : il refusait alors l'empire d'Allemagne pour la Prusse, s'inclinant devant les droits de l'Autriche ; il méprisait les utopies pangermaniques de Francfort et ce fantôme de Parlement qui représentait la fédération allemande.

Il ne prenait pas la peine de discuter avec ses adversaires ; un soir, il va lire son journal à la brasserie, au milieu d'un groupe de radicaux qui s'avisaient de censurer le roi et le gouvernement. — « Monsieur, dit-il à l'orateur de la bande, si vous n'avez pas vidé la place quand j'aurai vidé ma chope, je vous la casserai sur la tête. » On crut à une plaisanterie, mais il fut fait comme il avait été dit ; et comme l'assistance, ahurie et exaspérée, menaçait de châtier le trouble-fête : — « Garçon, dit-il en se levant avec un superbe sang-froid, combien vous dois-je pour la chope que je viens de casser sur la tête de monsieur ? »

Ah ! qu'il eût mieux valu, pour l'Europe et pour l'Allemagne elle-même, qu'un tel homme eût continué, comme tous les hobereaux prussiens, cette vie de grand seigneur bourru, ennuyé, fourvoyé dans la politique ! Pourquoi s'avisa-t-on d'envoyer Otto von Bismarck représenter la Prusse près du *Bund* de Francfort, au lieu de le laisser administrer les revenus de ses terres dans les intervalles des sessions ? Il revint de là plein de dédain pour le parlementarisme et la diplomatie, déclarant que « l'unité de l'Allemagne ne se ferait que par le fer et le sang. » Et quand il eut trouvé, lors de son ambassade en Russie, un allié inattendu dans la personne d'Alexandre Michaëlovitch, il jugea que la chose n'était pas impossible, et, l'ayant entreprise, la fit. Il eut contre lui la cour, le Parlement, le roi, la nation, l'Allemagne, l'Autriche, la France même : trois années lui suffirent pour triompher de tous les obstacles et pour changer la face du monde.

Il lui fallait aussi des complices en Occident. Il voulut faire l'Allemagne avec le concours de la France ; mais Napoléon ne se décida ni pour ni contre. Il ne voulut croire ni à la Prusse ni à M. de Bismarck. « Il est fou, » disait-il à Prosper Mérimée sur la plage de Biarritz, lorsque le diplomate prussien exposait dans les plus petits détails les plans de la campagne de 1866 et de l'organisation du futur empire d'Allemagne. Et quand la première partie du programme fut accomplie, Napoléon III se décida à ouvrir les yeux. « Il est plus fort que je ne croyais, » dit-il. Mais ce fut tout, et Bismarck fit l'Allemagne malgré la France et contre elle. De là la guerre de 1870.

Chose singulière ! dans cette ardeur avec laquelle il cherchait partout des alliés, des complices, le comte de Bismarck s'avisa un jour, entre Biarritz et Sadowa, de faire des avances à M. Thiers, alors simple député de la Seine. Après lui avoir exposé ses plans, il lui demanda catégoriquement son appui. Et M. Thiers ayant objecté qu'en sa qualité de membre de l'opposition, il n'avait aucune chance d'entrer dans les conseils de Napoléon III ni de faire partie d'un ministère quelconque, le comte lui répliqua avec une imperturbable assurance : « Qu'à cela ne tienne, monsieur Thiers ; je parlerai à l'empereur, et je me charge d'arranger votre affaire avec lui. »

Quelque incroyable qu'il paraisse, le fait est absolument authentique. C'est M. Thiers qui l'a raconté en 1870 dans un petit cercle d'amis, à Orléans, au moment où, après son excursion diplomatique en Europe, il se rendait près de ce même comte de Bismarck pour négocier un armistice qui fut si malheureusement repoussé.

Certes, un tel homme était terriblement dangereux, et Napoléon III, qui n'y prit pas garde, se crut assez fort pour jouer sa couronne contre lui. Il la perdit, mais il nous amena l'invasion, le pillage et le démembrement. C'est encore M. de Bismarck qui reparaît aujourd'hui sur la scène. Que médite-t-il à présent, et dans quelle nouvelle aventure va-t-il jeter l'Europe? A soixante-trois ans, malgré quelques indispositions pour motifs politiques, il est plus vif et plus actif que jamais. Il a laissé faire et dire jusqu'ici. Il va parler maintenant. Ce qui est certain, c'est qu'il n'a pas encore entrepris le couronnement de l'édifice. C'est lui qui refusait,il y a huit ans, aux Badois, l'entrée dans la confédération du Nord, en disant au Reichstag : « Il ne faut pas écrémer le pot au lait pour laisser sûrir le reste. »

Et, pour attendre trop longtemps, il risque fort de laisser s'aigrir le lait et la crème. A mesure que le temps marche, l'empire militaire des Hohenzollern, fondé sur la gloire des armées prussiennes, est de plus en plus ébranlé dans ses fondements. Il perd de jour en jour davantage cette cohésion qui unissait en un faisceau compacte tous les États qui gravitaient dans l'orbite de la Prusse comme satellites de l'astre de Berlin. Il eût fallu créer l'unité administrative, l'unité religieuse, l'unité politique; mais c'eût été l'absorption de la Prusse dans l'Allemagne, et le prince de Bismarck ne voulait ni ne pouvait toucher à l'arche sainte. Puis, la question extérieure est trop grave, et, sans en avoir l'air, le chancelier est loin de demeurer indifférent aux complications orientales.

C'est certainement de ce côté que sont tournées depuis 1870 les préoccupations du prince de Bismarck. Lorsque, au milieu de nos désastres, le prince Gortchakoff lança la circulaire du 29 octobre, pour abroger de sa propre autorité la déclaration de neutralisation de la mer Noire, c'était la Russie qui faisait payer d'avance son alliance et sa complicité. L'Allemagne a jugé sans doute que le prix était suffisant. Elle n'entend certainement pas donner la main à l'extension de l'empire slave à l'est et au sud de l'Europe, ni surtout préparer la dissolution de l'Autriche-Hongrie au profit de la Russie.

Si l'empire des Habsbourg a une raison d'être désormais, c'est pour prendre sur le bas Danube la place de sentinelle avancée du grand empire d'Allemagne. Et si le prince de Bismarck a laissé la Russie s'engager avec une folle témérité dans sa lutte contre la Turquie, il savait à coup sûr que « l'embourbement de la question d'Orient, » suivant sa propre expression, est toujours l'épilogue de ces agressions des souverains russes contre le vieil empire des Osmanlis, et qu'il faudrait toujours, lors du règlement suprême, compter avec l'Angleterre, sinon avec l'Europe.

Lorsque, sur un radeau du Niémen, Napoléon et le fils de Paul Ier se partageaient l'empire du monde, le vainqueur d'Austerlitz et d'Iéna savait que, si l'empire d'Occident était une conception difficile à réaliser, l'espoir de la conquête de Constantinople, qu'il offrait au Romanow, n'était qu'un piége tendu à la confiance de son allié. Aujourd'hui, comme il y a soixante-dix ans, la Russie, se fiant à la toute-puissance d'un allié redoutable pour maintenir à distance les nations de l'Occident, s'est jetée sur la Turquie, et le résultat de cette campagne n'est guère fait pour satisfaire ses ambitieuses visées.

C'est que M. de Bismarck, comme Napoléon Ier, ne se soucie point de donner à la Russie cet empire d'Orient qui est comme l'idéal des successeurs de Pierre le Grand. C'est qu'en s'efforçant de conserver sa suprématie en Occident, l'Allemagne n'entrevoit qu'avec de légitimes appréhensions cette éventualité de l'établissement définitif de la Russie en Orient. Aux yeux de M. de Bismarck, comme aux yeux de tout Allemand clairvoyant, ce serait payer trop cher l'alliance de la Russie que de laisser déborder sur les flancs de l'empire germanique cette masse formidable du monde russe, dont le voisinage est déjà si inquiétant.

Ce n'est pas tout. Nous n'aurions la clef que d'une partie des mystérieux desseins du chancelier si nous supposions qu'il s'inspire uniquement de ces considérations. Nous l'avons dit à l'occasion de la politique du comte Andrassy, l'Allemagne, elle aussi, a des vues particulières sur l'Orient, et sur ce terrain elle ne peut considérer les progrès de la Russie qu'avec la jalousie et la haine d'une rivale. Il ne lui déplaît point de voir l'Autriche prendre le rôle de gardienne du bas Danube, du grand fleuve allemand, pour le compte du puissant empire germanique. Mais il n'entre pas dans les vues du chancelier que l'empire russe soit maître des débouchés du commerce allemand dans la mer Noire. Et quand le prince de Bismarck dit bien haut que la question d'Orient ne vaut pas la peau d'un grenadier de Poméranie, cela signifie clairement que les soldats du roi de Prusse ne se battent que pour leur pays et non pour le compte d'autrui. Il n'a donc jamais entendu abdiquer les droits de la Prusse comme puissance signataire du traité de 1856 ni sacrifier l'intérêt allemand, dont il s'est d'ailleurs gardé jusqu'ici de donner la définition.

Pourquoi donc a-t-il, sinon excité la Russie à entreprendre cette dangereuse aventure, au moins prêté son concours à l'entreprise en garantissant la neutralité des États de l'Occident? Est-ce par simple loyauté, pour s'acquitter d'une dette de reconnaissance et d'amitié? N'y aurait-il pas, au contraire, dans cet assentiment donné par le chancelier aux projets de la Russie, comme une secrète pensée d'une profondeur machiavélique, consistant à attacher aux pieds du vaste empire un boulet dont le poids doit paralyser son énergie et arrêter sa marche? Au lendemain de l'échec de la conférence de Constantinople, un diplomate russe, avec lequel je m'entretenais de l'éventualité d'une guerre de la Russie contre la Porte, me disait, avec une intuition très-nette des dangers de la politique belliqueuse où l'on cherchait à entraîner le tsar : « Assurément, nous serions heureux de pouvoir accomplir cette réorganisation de la péninsule des Balkans, que les congrès et les conférences seront toujours impuissants à imposer à la Turquie. Mais nous nous défions surtout des exhortations venues de Berlin, car il est clair pour nous que l'Allemagne ne nous pousse à cette campagne qu'avec l'idée que nous y épuiserons toutes nos forces et tout notre prestige ; nous ne voulons donc pas nous engager dans cette entreprise, qui serait *notre expédition du Mexique.* »

Depuis lors, le gouvernement russe, pressé par les instances du général Ignatieff et du parti militaire, a passé le Rubicon. Mais le grand sphinx de Berlin n'a eu garde de promettre au delà de la neutralité bienveillante à laquelle il s'était engagé. Il savait à merveille que, victorieuse ou non, la Russie ne sortirait de la guerre qu'affaiblie par une lutte difficile et stérile, et que, sur la route de Constantinople et de la mer Égée, le tsar rencontrerait tôt ou tard l'Angleterre et l'Autriche.

Le chancelier a donc encore une fois, avec une apparence de loyauté et de désintéressement, travaillé à consolider la suprématie de l'Allemagne. Expulser d'Allemagne la maison d'Autriche et s'y installer à sa place ; rendre l'Italie plus forte et la France plus faible ; entraîner la Russie dans les aventures : ce sont les points essentiels du programme. Ils sont tous accomplis aujourd'hui. Il reste au chancelier à compléter l'unification de l'Allemagne ; la dissolution du Reichstag au moment de la réunion du congrès nous permet de supposer que le prince de Bismarck a encore à jouer bien des cartes, sans doute avec beaucoup d'atouts dans son jeu. Nous verrons bien.

II

LE BARON DE BULOW. — LE PRINCE DE HOHENLOHE.

Par une singulière ironie de la destinée, le prince de Bismarck sera assisté au congrès par un Danois et un Bavarois. M. Bernhardt von Bulow, le collaborateur du chancelier au ministère des affaires étrangères, appartient à une famille de Schleswig-Hostein, et a été employé au service du gouvernement danois. Né en 1815, il a habité Paris avant de suivre la carrière administrative ; rentré à Copenhague vers 1845, il fut envoyé comme ministre du Danemarck, d'abord à Hambourg, où il demeura cinq ans, puis à Francfort, où il rencontra, en 1851, M. de Bismarck, qui représentait alors la Prusse près du Parlement fédéral. C'est de là que date l'intimité entre les deux diplomates : M. de Bulow suivit alors la fortune de M. Bismarck, et, lorsque s'éleva la querelle des duchés, il abandonna résolûment son pays d'origine et accepta le titre de ministre dirigeant, que lui offrait le grand-duc de Mecklembourg-Strélitz.

Il remplit ces fonctions de 1860 à 1869, et représenta ensuite les duchés au Conseil fédéral de l'Allemagne du Nord. Lors de la retraite de M. de Thiele, en 1873, il fut choisi par le chancelier pour occuper les fonctions de secrétaire d'État aux affaires étrangères. Une loi votée il y a six mois par le Reichstag lui attribue la suppléance du chancelier pour les affaires étrangères. En fait, M. de Bulow remplace depuis longtemps le prince de Bismarck pour l'étude et la solution des affaires courantes et les relations ordinaires avec le corps diplomatique. Le chancelier, en dehors de ses fameuses soirées parlementaires, ne reçoit presque jamais, et ne donne audience aux ambassadeurs étrangers que sur leur demande expresse, et renouvelée chaque fois.

Le prince Clovis-Charles-Victor de Hohenlohe Waldenbourg-Schillingsfürst, prince de Ratibor et Corvey, ambassadeur d'Allemagne à Paris, est bien connu du public parisien.

Nous rappellerons seulement les principales périodes de sa vie politique. Ce fut avec le consentement de son frère aîné qu'il prit, en 1845, le titre de prince de Schillingsfürst; il quitta alors le service prussien, où il devait rentrer plus tard. Comme président du conseil des ministres du roi Louis, en Bavière, il s'est appliqué, de 1867 à 1870, à rattacher étroitement la Bavière à la Confédération germanique. Il fut renversé en 1870 par le parti clérical, à cause d'une circulaire où il déclarait que la proclamation du dogme de l'infaillibilité constituait non pas une question religieuse, mais une question politique. Il a remplacé, à l'ambassade d'Allemagne à Paris, le comte d'Arnim, en 1874, et son affabilité personnelle n'a pas peu contribué à maintenir depuis cette époque des relations de bienveillance et de courtoisie réciproques entre le gouvernement français et le cabinet de Berlin.

LES PLÉNIPOTENTIAIRES ITALIENS.

LE COMTE CORTI. — LE COMTE DE LAUNAY.

La participation du Piémont à la guerre de Crimée, et par suite au congrès de Paris, était motivée, comme on sait, par de tout autres considérations que la défense des droits de la Porte et le souci de l'intégrité de l'empire ottoman. La politique du comte Camille de Cavour a porté ses fruits. Aujourd'hui, grâce au génie du grand patriote, le Piémont est devenu l'Italie, et, des Alpes à l'Adriatique, les peuples de la Péninsule sont confondus en une seule nation, puissante, prospère et désireuse de maintenir, par la paix et le travail, la gloire et la grandeur qu'elle doit à ses hommes d'État et à la maison de Savoie. Appelée par la guerre russo-turque de 1877 à prendre part au règlement de la question d'Orient, elle s'inspire de ces hautes pensées, et c'est encore l'âme de Cavour qui veille sur les destinées de ce beau pays et qui dirige la pensée de ses représentants.

Le comte Corti et le comte de Launay sont l'un et l'autre les élèves du grand homme d'État. C'est Cavour qui envoya comme attaché d'ambassade à Londres le premier, dont la famille, originaire de Lombardie, avait émigré en Piémont au temps de la domination autrichienne. C'est lui aussi qui forma à son école le comte de Launay, dont le père avait été ministre de Charles-Albert. On avait déjà très-justement apprécié les hautes qualités diplomatiques du comte Corti avant la formation du cabinet Cairoli, où il a pris le portefeuille des affaires étrangères, en remplacement de M. Melegari. En quittant Londres, où il avait acquis les sympathies de lord Palmerston, il avait été envoyé comme ministre d'Italie à Washington, où il vint à bout des difficultés provoquées par l'attitude de l'Angleterre pendant la guerre de Sécession. Il se fit surtout remarquer par l'habileté avec laquelle il prépara l'arbitrage international entre l'Angleterre et les États-Unis au sujet de l'affaire de l'*Alabama*. Il attira ainsi sur lui l'attention de son gouvernement, et mérita d'être envoyé comme ambassadeur d'Italie à Constantinople dès le début du conflit oriental. Sa compétence et son expérience dans les questions concernant la Turquie d'Europe, et son attitude admirablement correcte à la conférence de Constantinople, le firent appeler, il y a trois mois, à la direction de la politique extérieure de l'Italie. Il fut nommé sénateur par décret royal peu de jours après la formation du cabinet Cairoli, et a fait preuve dans les discussions parlementaires d'une grande habileté de parole. Il n'a pas encore été amené à prononcer des discours politiques, mais la netteté et l'élévation de son langage ont été très-remarquées, et l'on est fondé à croire que ses qualités d'orateur seront très-précieuses dans les débats solennels auxquels il va prendre part.

Le comte de Launay, actuellement ambassadeur d'Italie à Berlin, a débuté dans la diplomatie en 1865, comme attaché à la légation d'Italie à Saint-Pétersbourg. Deux ans après, il fut nommé ministre à Berlin, et prit le titre d'ambassadeur lorsque cette légation fut érigée, en 1871, en ambassade près l'empire d'Allemagne. Il a été maintenu à ce poste par les différents ministères qui se sont succédé depuis 1867, ce qui permet de supposer que son séjour à Berlin est loin de provoquer aucune protestation de la part du gouvernement près duquel il est accrédité, et surtout qu'il a su, dans ce poste, rendre à son pays des services jusment appréciés. Sa présence à côté du comte Corti donne ainsi à l'Italie une situation éminemment favorable pour aborder dans le sein du congrès les délicates questions qui concernent le règlement de la question d'Orient.

LES PLÉNIPOTENTIAIRES OTTOMANS.

MEHEMET-ALI-PACHA. — CARATHEODORY-EFFENDI.

On s'est beaucoup étonné du choix de la Porte : aucun de ses plénipotentiaires n'est d'origine ottomane. Mehemet-Ali-Pacha est Allemand par sa naissance et Français par ses ancêtres. C'est un des descendants de la famille Détroit, qui fut bannie de France lors de la révocation de l'édit de Nantes, et alla s'établir en Prusse. Élevé par Ali-Pacha et converti à l'islamisme, il s'engagea au service de son pays d'adoption, et l'on sait de quelle manière il l'a servi. C'est lui qui, après avoir réduit à merci le Montenegro, fut appelé, après la déclaration de guerre de la Russie, à défendre Choumla contre l'armée du grand-duc héritier. Il avait remplacé comme Serdar Ekrem, ou généralissime, Abdul-Kérim-Pacha. Son énergie fut mal secondée par Suleiman-Pacha, qui parvint à le faire disgracier malgré de très-hauts faits d'armes qui avaient attiré l'attention de l'Europe sur le vainqueur du Cesarewitch.

Mehemet-Ali ou Julius Détroit parle couramment le français, l'allemand et le turc; mais il n'a joué jusqu'ici aucun rôle diplomatique, et sa nomination comme plénipotentiaire a causé beaucoup de surprise dans les cercles politiques.

Celle de Carathéodory-Effendi a été accueillie avec le même étonnement, car le second plénipotentiaire ottoman, qui avait le portefeuille des travaux publics dans le dernier cabinet, est d'origine grecque. Il a fait preuve, il est vrai, de qualités très-sérieuses comme mustechar des affaires extérieures; mais on s'est demandé pourquoi ni l'un ni l'autre des représentants de la Porte n'était Turc d'origine ni diplomate de profession. Le gouvernement ottoman aura cru sans doute faire par là acte de déférence envers les nations occidentales, en quoi il se sera étrangement trompé. Peut-être a-t-il voulu profiter de l'inexpérience de ses envoyés en matière de politique extérieure pour se réserver la faculté de les rappeler si le résultat du congrès ne répond pas à ses espérances; enfin il entend aussi sans doute laisser à ces ghiaours la responsabilité d'avoir participé à un traité désastreux pour la Turquie, et les présenter aux vieux Turcs comme des boucs émissaires, en quoi il a fort prudemment agi.

Quoi qu'il en soit, il n'y avait qu'un homme d'État qui fût capable de représenter dignement la Turquie au congrès de Berlin : Midhat. Mais, depuis que l'ex-grand vizir a abandonné la Porte, ou plutôt depuis que la Porte s'est séparée de lui, l'empire ottoman a précipité sa ruine; la main de Midhat elle-même ne le sauverait plus aujourd'hui du démembrement qu'il s'est attiré par ses fautes et sa faiblesse, et de la ruine qu'il a méritée par les gaspillages, les malversations et les iniquités, causes des complications qui ont pesé depuis trois ans sur l'Europe, et dont les puissances cherchent en ce moment à empêcher le retour à tout jamais.

LA GRÈCE AU CONGRÈS

L'appui que les représentants de l'Angleterre ont accordé à la demande d'admission de la Grèce au congrès, ne prouve pas que l'Angleterre soit disposée à s'engager à fond sur la question hellénique. Le gouvernement britannique n'a point entendu prendre fait et cause pour la Grèce et n'a pas demandé, comme on l'avait annoncé, l'admission de cette puissance comme une condition *sine quâ non* de la participation de l'Angleterre au congrès. Quoi qu'il en soit, la demande de la Grèce a été prise en considération, et son représentant, M. Delyannis, a été admis à prendre part aux délibérations du congrès.

Toutefois, la question n'est guère plus avancée, car l'accueil fait à la proposition anglaise par les plénipotentiaires russes, montre qu'il sera fort difficile d'arriver à une solution. La Russie, obligée de se prononcer, a cherché d'abord à se dérober. Elle a demandé que la Grèce ne fût admise qu'avec voix consultative, ce qui annulerait sa participation aux séances du congrès, ou qu'on admît avec elle les États nouvellement émancipés, la Roumanie, la Serbie, le Montenegro, peut-être aussi la Bulgarie. Ce serait une véritable pétition de principes : ces principautés seront toujours tributaires de la Porte, tant que le congrès n'aura point ratifié les dispositions du traité de San-Stefano; c'eût été tourner dans un cercle vicieux que de les admettre à un congrès où sera discutée la validité de leur émancipation.

Les défiances de la chancellerie russe à l'égard de la Grèce sont assez justifiées. L'influence religieuse du patriarche grec de Constantinople ne peut être qu'un objet d'envie pour la Russie, dont les souverains possèdent la qualité de chefs spirituels de l'Église orthodoxe. De là une rivalité entre les deux puissances, et c'est nécessairement le plus faible des deux États qui a tort. Cette question de prépondérance religieuse présente pour la Russie un intérêt politique de premier ordre. Ce ne sont pas seulement les populations grecques de l'empire ottoman qui échappent à son influence pour subir celle du patriarcat de Constantinople, ce sont encore tous les chrétiens de la confession grecque qui peuplent les îles de l'Archipel, les colonies grecques de l'Asie Mineure et de la Syrie.

La Russie a d'ailleurs des moyens d'action bien supérieurs; elle sait en user, et en tire merveilleusement parti. Le premier édifice qu'on aperçoit en arrivant à Jérusalem est le magnifique établissement hospitalier et religieux construit aux frais du gouvernement russe, et placé sous l'autorité du consulat général de cette puissance. Ici, comme partout ailleurs, c'est l'or de la Russie qui entretient les innombrables bâtiments destinés au culte orthodoxe, qui subventionne les missions et les pèlerinages, qui pourvoit aux frais des cérémonies religieuses. Et, auprès de cette magnificence, les rares établissements entretenus par la Grèce témoignent de ses maigres ressources et de son impuissance à lutter contre le faste et le somptueux appareil de sa rivale. Pour quiconque a visité la Turquie d'Asie, c'est pitié de voir le misérable archimandrite grec errant sans gîte et sans pain, qu'aucune protection ne vient aider ni recueillir, tandis que le pope et le moine russes vont, largement rétribués, témoigner partout de la puissance, de l'influence et du prestige des souverains de la Russie.

Mais si cette puissance a un intérêt de premier ordre à restreindre l'action, si faible encore, de son humble rivale au lieu de contribuer à l'étendre, d'autres États peuvent trouver un égal intérêt à appuyer les réclamations de la Grèce. L'Italie et l'Autriche notamment ne peuvent qu'envisager favorablement le développement de l'influence hellénique et l'agrandissement du petit royaume du roi George. Ce n'est point par esprit d'hostilité systématique envers la Russie, mais par un sentiment très-justifié de leurs intérêts légitimes. Et que demande la Grèce après tout ? Elle a des prétentions très-hautes, il faut le dire tout d'abord, car un certain nombre d'hommes politiques grecs n'ont rien moins en vue que la restauration de l'empire grec du moyen âge, avec Byzance pour capitale, comme avant 1453. C'est là une chimère toute pure ; mais ce qu'il y a de fondé dans leurs réclamations, c'est que l'étendue territoriale de la Grèce actuelle est insuffisante et tout à fait contraire à son développement national. Si, en 1829 et en 1867, les puissances n'ont su régler autre chose que l'ordre de succession au trône dans les dynasties bavaroise et danoise, il y a une question plus grave à résoudre, et que les protocoles de Londres ont complétement négligée. Il s'agit de savoir si la Grèce a été régulièrement constituée, et si la conclusion de la guerre de l'Indépendance a été de nature à satisfaire les vœux d'une population qui avait si vaillament lutté pour conquérir son autonomie politique.

Précisément le traité de San-Stefano a porté un coup terrible à la reconstitution de la Grèce. La nouvelle principauté bulgare, dans la partie de son territoire prolongée jusqu'à la mer Égée, comprendrait plus de deux millions d'habitants, dont la plupart sont d'origine grecque. En supposant qu'on accordât au royaume actuel de Grèce l'extension de ses frontières du nord jusqu'aux limites de la principauté bulgare, il aurait encore un nouveau sujet de réclamations dans la situation faite aux Grecs arrachés à sa domination. Ses protestations contre les stipulations du traité turco-russe sont donc très-fondées, et l'on conçoit que le cabinet de Saint-Pétersbourg cherche à étouffer sa voix, de même qu'il esssaie de se soustraire aux réclamations de la Roumanie.

En ce qui concerne l'état actuel de la Grèce et les chances de sa régénération, il importe d'écarter les fanfaronnades si chères à la hâblerie grecque. Ces braves gens ont la corde patriotique assez sensible, et se plaisent à représenter leurs hommes d'État, MM. Deligeorgis, Comoundouros et autres, comme les représentants du génie antique des Démosthène, des Alcibiade, des Périclès. Il n'est pas chez eux de si petit rimailleur qui n'atteigne la taille d'un Pindare, pas d'auteur dramatique qui ne se grandisse dans les proportions d'un Sophocle ou d'un Eschyle. Et quant au rôle politique de la Grèce, c'est par elle, à entendre les Grecs, que le vieux monde doit être régénéré. Ils se jugent de force à lutter contre l'Europe.

Ces rêveries n'ont rien de blessant pour notre vanité ni rien d'inquiétant pour l'Europe. Mais, en dégageant des exagérations du chauvinisme les caractères généraux du peuple grec, nous devons y reconnaître de très-précieuses qualités. L'activité, l'intrépidité, la persévérance sont chez les Grecs des vertus très-réelles. On a pourtant pris l'habitude de juger ce peuple depuis vingt ans d'après sa caricature. En sortant de l'École normale, M. About avait subi un désanchantement tel qu'il essaya de brûler ce qu'il avait adoré. Au lieu de Thémistocle, il voyait, en imagination sans doute, le Roi des montagnes, et des héros redescendait aux bandits. Et il aurait presque rendu les Grecs responsables de la destruction des frises du Parthénon, s'il n'eût été trop certain que les mutilations irréparables du monument étaient l'œuvre d'un vandale étranger, lord Elgin. Mais il avait été désappointé, et il exhala sa mauvaise humeur dans ce pamphlet trop spirituel pour être vrai : *la Grèce contemporaine*.

Ne jugeons pas les Grecs d'après une satire. Leur infériorité politique et leurs embarras financiers sont l'effet d'une iniquité diplomatique : ils n'en sont pas responsables. L'Europe a commis une faute en 1830. Depuis cinquante ans, la Grèce en subit les désastreuses conséquences. Resserrée dans des limites étroites, bornée à un territoire improductif, écrasée par une dette publique qui atteint cent millions, elle est réduite à l'impuissance, à l'immobilité, à l'inaction. La diplomatie lui a opposé constamment un *non possumus*, et la Turquie sa flotte. En tout temps un cuirassé turc pouvait impunément prendre pied à Athènes et faire prisonniers le roi, les ministres et tous les députés de la Grèce. Il resterait au peuple, comme suprême ressource, l'insurrection. Aussi, dans les provinces grecques de l'empire ottoman, en Thessalie, en Épire, en Thrace, en Macédoine, tous ceux qui sentent en eux bouillonner le sang grec se sont décidés à cet acte de désespoir. Ils n'ont aucune confiance dans l'intervention diplomatique des puissances, et voient trop clairement, les malheureux, que l'Europe ne se soucierait pas plus d'eux aujourd'hui que par le passé. A la servitude, ils préfèrent la mort sur le champ de bataille. C'est un glorieux souvenir de leur origine antique et des luttes héroïques de leurs pères pendant la guerre de l'Indépendance.

Ce sang et cet héroïsme seront-ils inutiles ? Nous souhaitons que non. Nous espérons que l'Europe ne restera pas indifférente au spectacle des souffrances qui résultent de sa propre iniquité. Lorsque, en 1821, les peuples et les gouvernements s'émurent au bruit des luttes de ce petit peuple ; lorsque les poëtes célébrèrent Canaris, Botzaris, Miaoulis ; lorsque Byron alla mourir dans Missolonghi avec les défenseurs de l'indépendance hellénique, un mouvement s'élevait dans toute l'Europe pour protester contre le despotisme ottoman et en même temps contre les menaces de la Sainte-Alliance. Au lendemain des congrès de Vérone et de Laybach, l'esprit de liberté se soulevait contre la coalition des monarchies absolues. L'insurrection grecque donnait le premier signal du réveil des peuples. Mais aujourd'hui l'on est moins préoccupé des dangers de la coalition des rois ; l'alliance des trois empereurs ne s'est pas dressée comme une menace contre les États constitutionnels et les gouvernements parlementaires. Aussi l'insurrection de la Crète et des provinces grecques laisse-t-elle l'Europe indifférente, et aucun mouvement de l'opinion publique ne rappelle l'enthousiasme qui anima les libéraux de tous pays en faveur de la guerre de l'Indépendance.

La Grèce ne doit donc rien attendre de l'insurrection, car l'Europe n'est pas en mesure de l'appuyer ni de l'applaudir. Doit-elle compter sur l'appui de la diplomatie ? C'est un point bien délicat à aborder ; mais il est certain que ses réclamations ont plus de chance que jamais d'être favorablement accueillies. L'Europe a longtemps abandonné la Grèce; elle paraît seulement aujourd'hui s'apercevoir qu'elle existe et qu'elle mérite ses sympathies et son intérêt. Lorsque, devant les instances pressantes de l'ambassadeur anglais concernant la question crétoise, Fuad-Pacha tenait le langage du maître qui défend son bien et qui s'appuie sur les traités, il pouvait dire que l'Europe lui avait donné le droit de parler ainsi. Fuad-Pacha refusait aux puissances le droit d'intervenir dans les affaires de la Turquie et dans ses démêlés avec la Grèce en s'appuyant sur l'indépendance politique de la Turquie, garantie par le traité de Paris. Il aurait été facile de lui répondre que le protocole de la séance du 8 avril 1856 mentionnait, en même temps que les observations des représentants des puissances concernant l'état déplorable de la Grèce et des Grecs de l'empire ottoman, les engagements pris à ce sujet par le plénipotentiaire turc, et qui n'ont jamais été mis à exécution. Et quand Fuad-Pacha disait que la Turquie ne pouvait céder qu'après un nouveau Navarin, il était aisé de lui démontrer que la meilleure manière d'écarter cette solution était de respecter d'abord les vœux de l'Europe et de donner satisfaction aux légitimes réclamations des Grecs.

Mais l'Angleterre n'avait alors rien à répliquer; sans doute, elle parlera aujourd'hui avec plus d'énergie. Elle ne sera pas seule d'ailleurs à appuyer les demandes de la Grèce. La France, l'Autriche, l'Italie ne peuvent qu'accueillir favorablement la reconstitution d'un royaume de Grèce compacte, homogène, indépendant, pouvant suffire à ses besoins, développer ses ressources, acquérir une puissance maritime respectable, et accroître sa prospérité. Tous ces éléments de vitalité et de progrès, le peuple grec les possède. Il suffit de rendre à la Grèce ses limites naturelles et d'assurer son autonomie. Nous avons dit pour quels motifs la Russie serait hostile à cette solution ; la Turquie ne peut se montrer plus favorable, et l'Allemagne soutiendra sans doute les résistances de la Russie. Mais les puissances de l'Occident, jointes à l'Autriche, formeront sur cette question une majorité compacte, et, si l'entente peut s'établir entre elles, nous espérons que les réclamations de la Grèce trouveront enfin une satisfaction légitime, non moins conforme à l'intérêt de ce petit royaume qu'à celui des États de la Méditerranée. Il n'est donc pas téméraire de prétendre que la question hellénique, loin de compliquer encore la question d'Orient, sur laquelle elle est venue se greffer à l'improviste, peut au contraire en hâter la solution, et permettre à l'Europe de compenser l'iniquité de San-Stefano par la réparation de l'iniquité qu'elle a commise elle-même il y a cinquante ans.

Un Diplomate.

La publication de cette brochure était destinée, comme on a pu s'en rendre compte, à précéder la réunion du congrès de Berlin. En fait, les prévisions que l'auteur a eu l'occasion d'exprimer ont été pleinement confirmées. La paix semble donc assurée, au moins provisoirement. Il reste à savoir si les décisions prises par les puissances concernant la réorganisation de la Turquie d'Europe sont de nature à prévenir le retour des complications qui ont si profondément agité l'Orient, et qui ont failli compromettre le repos de l'Europe.

C'est ce que l'auteur se propose d'établir prochainement dans une étude sur le *Congrès et le Traité de Berlin*.

DU MÊME AUTEUR

SOUS PRESSE

LE CONGRÈS ET LE TRAITÉ DE BERLIN

Saint-Denis. — Imprimerie Ch. LAMBERT, 17, rue de Paris.

www.ingramcontent.com/pod-product-compliance
Ingram Content Group UK Ltd.
Pitfield, Milton Keynes, MK11 3LW, UK
UKHW021615260726
13994UKWH00003B/1014